人人都能看懂的会计思维书

[日] 西山茂 著　　尹晓静 范昕 译

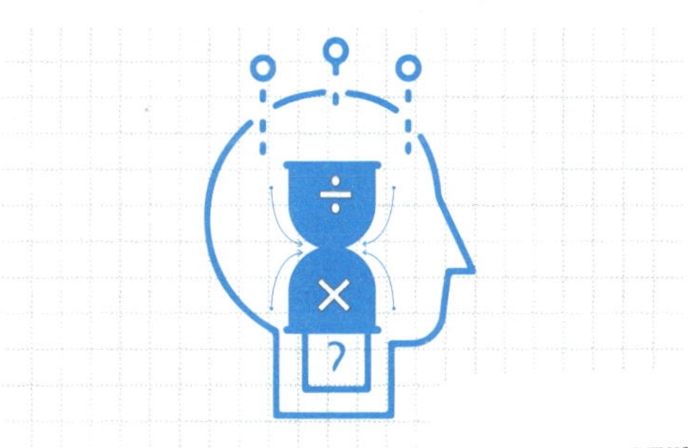

人 民 邮 电 出 版 社
北　京

图书在版编目（CIP）数据

商学院传授的77个会计常识 ：人人都能看懂的会计思维书 /（日）西山茂著 ；尹晓静，范昕译. -- 北京 ：人民邮电出版社，2021.10
ISBN 978-7-115-56503-7

Ⅰ. ①商… Ⅱ. ①西… ②尹… ③范… Ⅲ. ①会计学－基本知识 Ⅳ. ①F230

中国版本图书馆CIP数据核字(2021)第085900号

◆ 著 [日] 西山茂
责任编辑 刘晓莹
责任印制 彭志环
◆ 人民邮电出版社出版发行 北京市丰台区成寿寺路 11 号
邮编 100164 电子邮件 315@ptpress.com.cn
网址 https://www.ptpress.com.cn
北京鑫丰华彩印有限公司印刷
◆ 开本：880×1230 1/32
印张：9 2021 年 10 月第 1 版
字数：181 千字 2021 年 10 月北京第 1 次印刷
著作权合同登记号 图字：01-2020-1748 号

定价：69.80 元

读者服务热线：(010)81055296 印装质量热线：(010)81055316
反盗版热线：(010)81055315
广告经营许可证：京东市监广登字 20170147 号

前言

如果不用数据来表达企业战略和商业模式，就无法对外进行具体、形象化的展示与分析。而且，由于对数据不熟悉，企业设想的一些战略和商业模式就很容易变成一厢情愿或纸上谈兵。所以，如果想用数据来落实企业战略和商业模式，必须要做些什么呢？第一步是要理解财务报表中显示的数字和企业活动之间的关系，并且还要进行各种推演。

本书面向那些在商学院学习经营管理、希望熟练掌握商业往来中各种数据含义的商务人士。因此，本书详细介绍和讲解了经营管理与会计之间的关联。同时，本书也以此为题材，从会计的角度分析整理了“商业法则”的盲点和注意点，深入探讨了商业的本质及其真正意义。

我想大家一定都听过各式各样的“商业法则”，但各位真的理解这些“商业法则”的含义吗？如果按照这些“商业法则”来进行企业管理，真能经营好一家公司吗？如果这些“商业法则”有“缺点”，你能找到吗？

在本书中，我们不仅会解读那些通过“商业法则”取得成功的优秀公司，还会解读那些不按照“商业法则” 经营但仍在市场上大放异彩的公司。与此同时，我们会介绍会计理论的一些基础知识。

凡是在商业上取得成功的人，都会解读数据。即使他们不知道会计的详细规则，但在大方向上一定不会出错。即使有例外，那他们应该也有值得信赖的合作伙伴，或者非常善于分析数据的下属，可以处理会计相关的具体事务。

商务人士的目标是提升企业价值，而企业价值通常用财务报表中的数字来表示。因此，经营能力与会计能力是一体两面的。要想在商业上获得成功，就需要具备一定程度的会计思考能力。

那么，这里向大家提一个问题。

问题 1：一般来说，“好东西要更便宜”被视为“商业法则”。那请你从会计的角度来说明这句话的意义，以及实现这一目的的措施。

如果被问到这样的问题，你是否有能力解释得通俗易懂，甚至让你的兼职员工也能理解呢？如果你对此毫无头绪，那说明你很难在商场上取得成就。

为什么这么说？

因为当你在思考稳定提高收益、让业务持续发展的方法时，背后必须要以数字为支撑。如果你对会计中的数据不敏感，提高收益和发展企业只是一句空话。

那么，要怎么做才能对会计数字更敏感呢？

一般来说，需要重点掌握那些能够表示企业活动特征的数字，然后以此为基础去思考企业战略和商业模式。

接下来，再问一个问题。

问题 2：以下是各行各业中最具代表性的 10 家企业，现在以最近备受瞩目的某种会计指标为标准对它们进行排序，排名如下所示。你觉得这是什么会计指标呢？

软银集团（2017 年）	39.8%
FASTRETAIL-DRS（迅销）公司（2017 年 8 月）	16.3%
NITORI 控股集团（2017 年 2 月）	15.2%
卡乐比（2017 年 3 月）	14.5%
YAOKO（2017 年 3 月）	13.0%
丰田汽车（2017 年 3 月）	10.2%
任天堂（2017 年 3 月）	8.2%
信越化学工业（2017 年 3 月）	8.2%
日立制作所（2017 年 3 月）	7.8%
7&I 控股公司（2017 年 2 月）	4.1%

给各位一个提示，这是在本书完成原稿、进入编辑阶段时各大企业相继发布的截至 2018 年 3 月的结算报告。与 2017 年的结算报告相比，数值变动较大的企业是软银集团，虽然其仍然牢牢占据第一的位置，但其相关数值却下降了 20% 左右。相比之下，丰田汽车、任天堂、

信越化学工业、日立制作所、7&I 控股公司却上升了几个百分比。

那么这个指标到底是什么呢？如果你的脑海中出现了几个候选选项，说明你在某种程度上具有会计思考的能力，并且对包括数字在内的商业趋势非常了解。相反，如果你对此毫无头绪，那说明你在会计方面的思考能力可能相对较弱。

如果你平常也关注公司业绩等各种新闻，那估计多多少少能猜到几个答案，甚至可能会脱口而出："不就是那个指标吗？！"（正确答案稍后揭晓）

所谓会计上的数字，只要熟练掌握，就算只是稍微瞄一眼，都能对数字背后的含义和重要性做到心中有数。如果你对不同指标的标准数值和各行各业的标准差异了如指掌，那就能轻而易举地从财务报表中读出很多内容。除此之外，你还会逐渐掌握"企业战略以及商业模式的特征用什么会计指标来表达、具体该怎么表达"的诀窍。这也是编写本书的目标所在。

本书会详细介绍以上内容，并且会讲解一些身为商务人士应当知晓的会计思考要点。另外，还会以问题 2 列出的 10 家企业为素材，从会计的角度探讨"商业法则"及其盲点与注意点。

那么我们就开始吧。

会计基本知识的确认 ①

损益表（P/L）

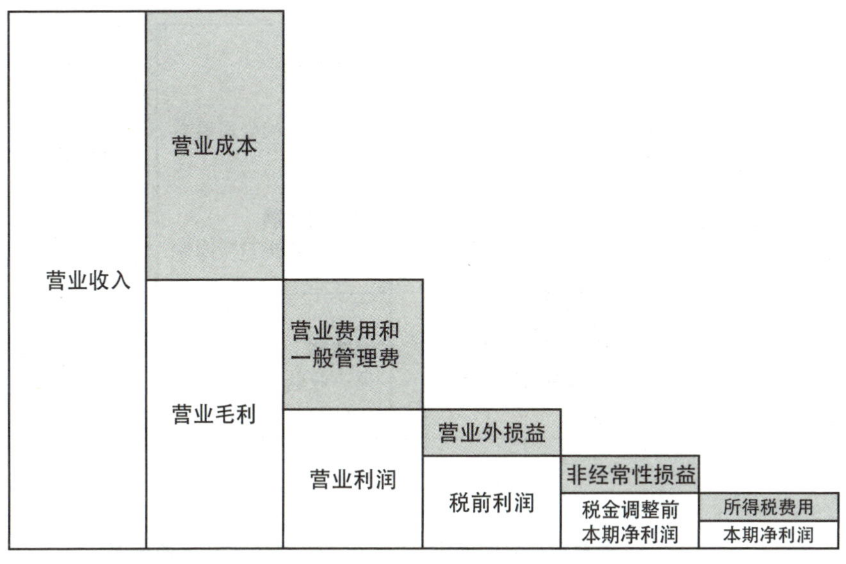

损益表是记录企业在一定期间内提高了多少营业收入（收益）、花费了多少费用，以及获得了多少利润的报表，损益表同时也是企业在一定期间内的活动报告。

营业收入（收益） － 费用 = 利润

会计基本知识的确认②

资产负债表（B/S）

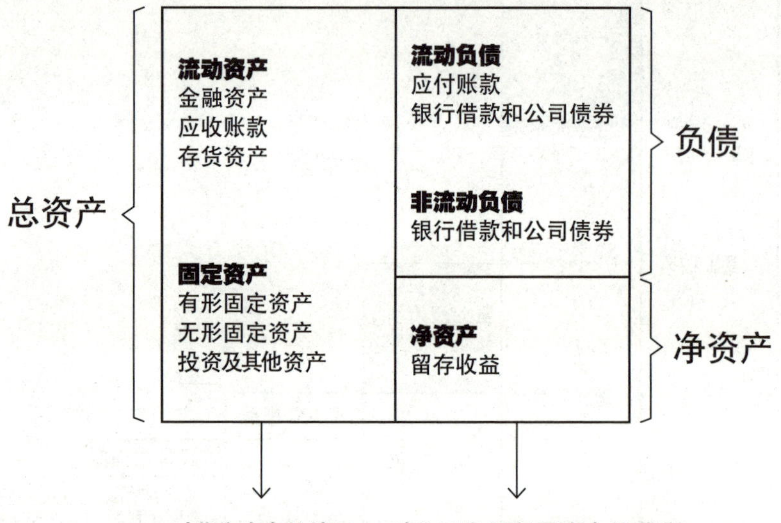

资产负债表是将来自股东的资本（净资产）、银行借款和应付账款等负债、使用这些资金购买的设备和不动产，以及应收账款等流动资产按照一定规则汇总而成的报表。资产负债表同时也是企业在做决算时需要查看的数据表。

净资产 ＋ 负债 ＝ 总资产

金融资产：现金、银行存款等
应收账款：应收账款等

有形固定资产：土地、建筑等
无形固定资产：专利等

会计基本知识的确认③
现金流量表

现金流量表	说明
来自经营活动的现金流量	← 凭借经营主业获得的现金流量
来自投资活动的现金流量	← 投资实业或财务投资相关的现金流量
来自融资活动的现金流量	← 与资金提供者（股东或债权人）之间的交易相关的现金流量
现金及现金等价物的换算差额 现金及现金等价物的期初现金余额 现金及现金等价物的期末现金余额	

现金流量表统计了三种现金流量的动向：即从经营活动中获得的现金流量、从投资活动中获得的现金流量、从融资活动中获得的现金流量的动向。现金流量表是一种客观的衡量标准，它是企业基于现金流量在一定时期内的活动报告。

会计基本知识的确认④

营运资本的周转期

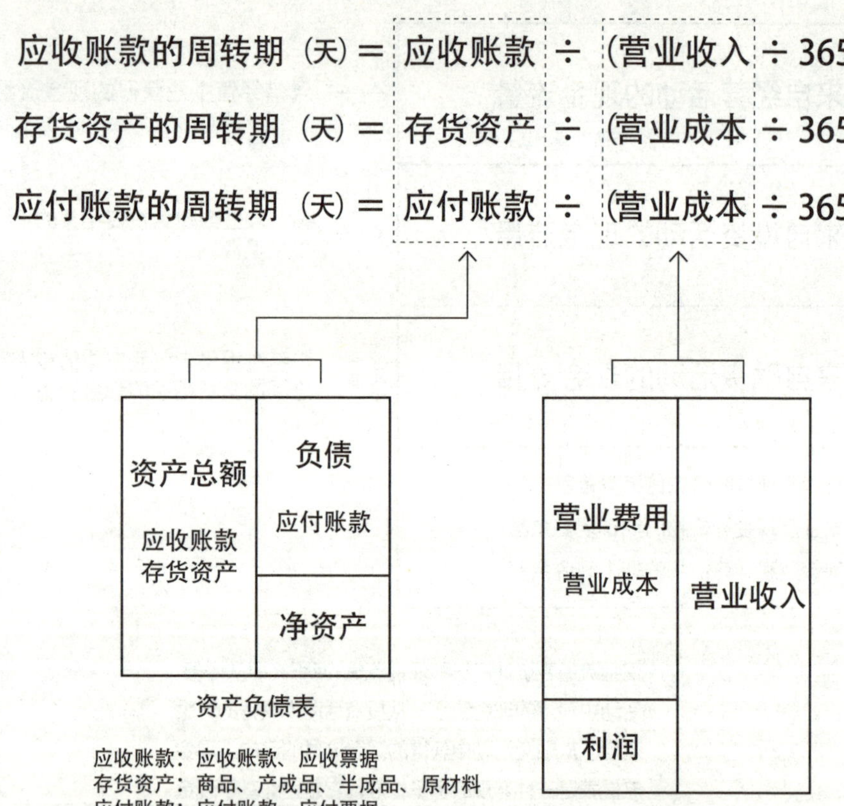

存货资产的周转期和应付账款的周转期计算式的分母包括：每日营业成本或每日营业收入。①适用于掌握实际库存持有天数和应付账款支付天数的情况；②适用于计算在应收账款期间内需要多少营运资本的情况，或者计算CCC（参考常识59）的情况。

目录

第 1 章 ROE 的提升

第 2 章 财务杠杆的使用方法

第 3 章　风险的抑制

第 4 章 持续性成长

第 5 章 实现物美更要价廉

第 6 章 成本的削减

第 7 章 所谓“浪费”的思考方式

第 8 章 重视现金流量

第 9 章　并购与协同效应

第 10 章　关于“顾客就是上帝”这一想法

第 1 章

ROE 的提升

三个要素中哪一个才是重点

“前言”中问题2的正确答案是“ROE（净资产收益率）”。

ROE是股东投资的收益率，从股东的角度来看，指的是投资效率。

为了让更多的股东持有股份，公司需要在一定程度上确保净资产收益率。因此，越来越多的公司把“提高ROE”作为公司的一大目标。

接下来，我们就来看看为什么需要重视ROE，以及应该如何提升它吧。

常识1　ROE是“净资产收益率”

▷ 从股东的角度来看，ROE是衡量投资效率的指标。计算方法是本期税后净利润（归属于母公司股东）除以股东权益（大致相当于净资产）。

ROE是Return On Equity的缩写。其中，Equity指的是股东投入的资金，Return指的是获利。也就是说，ROE是股东投入的资金与获利之间的比率。

其计算方式如下：

ROE=（属于母公司股东）本期税后净利润 ÷ 股东权益

ROE 中的分子是“本期税后净利润”，严格来说，这是“归属于母公司股东的本期税后净利润”，在此可以简化成“本期净利润”。本书其他地方也会使用这一表达（把“归属于母公司股东的本期净利润”作为分子的原因请参考常识 8）。

在公式中作为分母的是“股东权益”，它与资产负债表中的净资产几乎是同一个概念（请参考常识 8）。也就是说，股东对企业投资的金额就是 ROE 计算中的分母。

另外，作为分母的股东权益一般会采用期初和期末的平均值，但在本书中，采用的是股东权益的期末值来进行计算。因此，可能和财务简报记载的数字略有出入。

现在，我们来重新看一下“前言”中介绍的 10 家企业的 ROE。

本期净利润 ÷ 股东权益 =ROE

软银集团（2017 年 3 月）

14,263 亿日元 ÷35,864 亿日元 =39.8%

FASTRETAIL-DRS（迅销）公司（2017 年 8 月）

1,193 亿日元 ÷7,318 亿日元 =16.3%

NITORI 控股公司（2017 年 2 月）

600 亿日元 ÷3,937 亿日元 =15.2%

卡乐比（2017 年 3 月）

186 亿日元 ÷1,281 亿日元 =14.5%

YAOKO（2017 年 3 月）

99 亿日元 ÷761 亿日元 =13.0%

丰田汽车（2017 年 3 月）

18,311 亿日元 ÷180,007 亿日元 =10.2%

任天堂（2017 年 3 月）

1,026 亿日元 ÷12,508 亿日元 =8.2%

信越化学工业（2017 年 3 月）

1,759 亿日元 ÷21,328 亿日元 =8.2%

日立制作所（2017 年 3 月）

2,313 亿日元 ÷29,671 亿日元 =7.8%

7&I 控股公司（2017 年 2 月）

968 亿日元 ÷23,361 亿日元 =4.1%

这样一对比，就会发现软银集团的 ROE 非常高，至于原因，我们会在第 2 章中详细解释。

常识 2　利用杜邦方程式分解三种比率

▷ 分析 ROE 水平的一个方法是杜邦方程式，它可以把 ROE 分解成三种比率的乘积。以这种方法为基准，ROE 可以分解为净利率、总资产周转率和财务杠杆这三种财务比率。

考虑到 ROE 或高或低的原因，以及提高 ROE 的措施等因素，一般会通过分解这三种比率的乘积来进行分析。具体而言，通过把营业收入和总资产分别作为分子和分母来相乘，将其分解成净利率、总资产周转率和财务杠杆这三种比率的乘积。

ROE=（归属于母公司股东）本期净利润 ÷ 股东权益

= 本期净利润 / 营业收入 × 营业收入 / 总资产 × 总资产 / 股东权益

= 净利率 × 总资产周转率 × 财务杠杆

像这样把 ROE 分解成三种比率的乘积的计算方式就是杜邦方程式。

“杜邦”指的是以火药和炸弹起家的美国知名化学公司——杜邦公司（2017 年和美国陶氏化学合并，现在变成陶氏杜邦公司）。杜邦公司之前把 ROE 作为财务比率分析方法运用时，就是通过将 ROE 分解成三种财务比率的方式来分析企业的财务状况，因此，这种方法也被称为“杜邦分析式”。

在这三种财务比率之中，前两种比较好理解。

净利率是相对于营业收入的最终利润率。

总资产周转率指的是企业是否能有效利用资产，以及如何与营业收入相结合。也就是说，总资产周转率指的是资产的利用效率。

财务杠杆这个词对大家来说也许有些陌生，它是用来表示公司债务和借款等融资资金使用程度的比率。具体来说，融资金额越大，财务杠杆越高；反之，当融资金额较小时，财务杠杆会变低。

为什么这么说呢？当融资金额较大时，公司不仅会持有股东权益，还会持有股东权益以外的其他大量资产，结果就会导致作为分子的“总资产”数额远远高于作为分母的“股东权益”数额，财务杠杆也就随之变高（财务杠杆 = 总资产 / 股东权益）。

反之，当融资金额较小时，基本上所有资产都属于股东权益，所以作为分子的“总资产”数额和作为分母的“股东权益”数额相差不大，财务杠杆自然也会变低。

我们再来确认一下“杠杆作用”这个词的含义吧。所谓的“杠杆作用”，词源是“杠杆”，也就是说，在这里我们其实是用“财务的杠杆目前用到哪种程度”这种表达方式来解释与“借款的活用程度”有关的比率。

换种说法，即 ROE 虽然是评估股东投资效率的比率，但从股东的角度来看，借款毕竟是别人的资金，使用其他人的资金来运营企业就像在用杠杆做事一样。所以我们把这种与杠杆使用程度密切相关的比率称为“财务杠杆”。

那么，我们现在就用杜邦方程式来分析一下上文中提到的那 10 家企业的 ROE 吧，ROE 和杜邦方程式如图 1–1 所示。

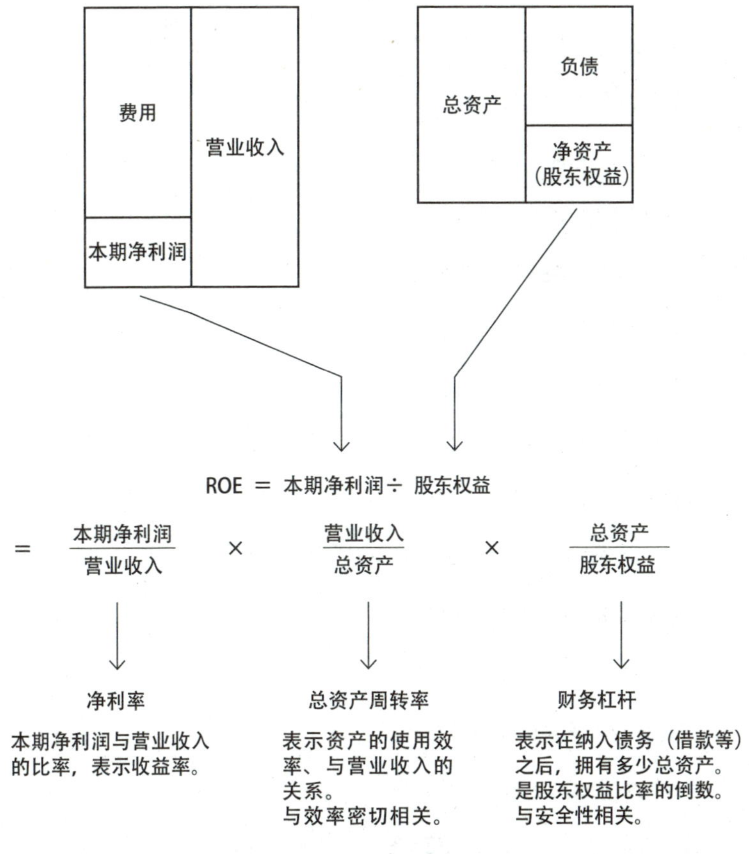

图 1-1 ROE 和杜邦方程式

ROE= 净利率 × 总资产周转率 × 财务杠杆

软银集团（2017 年 3 月）

39.8%=16%×36%×687%

FASTRETAIL-DRS（迅销）公司（2017 年 8 月）

16.3%=6.4%×134%×190%

NITORI 控股公司（2017 年 2 月）

15.2%=11.7%×105%×124%

卡乐比（2017 年 3 月）

14.5%=7.4%×139%×142%

YAOKO（2017 年 3 月）

13%=3%×182%×236%

丰田汽车（2017 年 3 月）

10.2%=6.6%×57%×271%

任天堂（2017 年 3 月）

8.2%=21%×33%×117%

信越化学工业（2017 年 3 月）

8.2%=14.2%×47%×125%

日立制作所（2017 年 3 月）

7.8%=2.5%×95%×326%

7&I 控股公司（2017 年 2 月）

4.1%=1.7%×106%×236%

这样一来，就可以清楚地看到这些公司的 ROE 是受三种财务比率中的哪一种牵制。从以上分析中可以看出，软银集团的财务杠杆高，任天堂的净利率高，YAOKO 的总资产周转率高。至于每家公司各种比率的高低问题，我们会在本书中一一解释。

常识 3　如何利用借款来提高 ROE

▷ 借款的常规用途是投资，也可以选择回馈给股东，但若存进银行就没有意义。

从杜邦方程式来看，ROE 的数值可能会通过增加借款和提高财务杠杆而有所上升。但是，借款的使用方式不同，带来的效果也不一样。在这里可以分成三种情况。

第一种情况是使用借款进行投资。在这种情况下，股东权益虽然不会改变，但由于资产增加，所以财务杠杆（财务杠杆 = 总资产 / 股东权益）会变高。

另外，由于作为分母的股东权益并没有改变，所以 ROE 的数值由本期净利润来决定。所谓的变化，是指增加借款造成支付利息的增加，以及投资获利的增加而产生变化。当增加的支付利息数额超过投资获利的部分时，本期的净利润就会随之减少。反之，当增加的支付利息数额低于投资获利的部分时，本期的净利润就会随之增加。换句话说，ROE 的上升取决于公司的利润。

第二种情况是将借款用于发放股东股息或购买自家公司发行的股票来回馈资本。在这种情况下，通过借款增加了负债，通过返同等金额红利的方式减少了股东权益。因此，负债的增加和股东权益的减少相抵销，使总资产金额不变。不过，由于回馈股东而导致股东权益有所减少，所以财务杠杆会有所升高。

另外，对于 ROE 来说，虽然企业状况没什么改变，但作为分母的股东权益会有所减少。而且，虽然因额外借款造成的利率增加导致了本期净利润的减少，但只要借款的利率足够低，作为分子的本期净利润的减少幅度会小于作为分母的股东权益的减少幅度，而这可能会导致 ROE 的上升。

第三种情况是将借款原封不动地存入银行。在这种情况下，由于借款和存款同时增加同样的金额，所以实际上这不算是借款。另外，一般来说，银行的存款利率会低于借款利率。因此，如果将借款存入银行变成银行存款，虽然作为分母的股东权益不会有什么变化，但是会因为存款利率和借款利率的差异导致获利减少，反而有可能会导致 ROE 下降。

在这三种借款的使用方法中，可能会导致ROE上升的是以下两种：投资和回馈股东。不过需要注意的是，由于这两种情况都需要增加借款，这种做法容易弱化财务结构。

常识 4　如何通过财务杠杆来解决 ROE 提升的盲点

▷ 使用财务杠杆确实可以在一定程度上提升 ROE，但这种做法有可能会降低财务安全性。目前来看，要想提升 ROE，最好还是把重点放在与公司业务联系紧密的当期净利率和总资产周转率的提升上。

从杜邦方程式可知，如果提高财务杠杆，理论上可以提高 ROE。换句话说，增加的借款越多，ROE 也会越高。

不过这种以增加借款来提高 ROE 的方式真的没有任何问题吗？实际上，如果使用这种方法，必须要注意一个问题：增加借款会弱化财务结构。

财务杠杆的倒数意味着无须还款股东的资金有多少，也可以把财务杠杆的倒数理解成象征财务安全性比率之一的股东权益比率（股东权益比率 = 股东权益 / 总资产）。也就是说，这种通过增加借款来提高财务杠杆的方法反而会降低股东权益比率和财务安全性。

如果在适当范围内提高财务杠杆，也许不会出现什么问题，但不建议超过一定的标准。虽然各行各业的标准都不一样，但一般来说，股东权益比率为 30%~40%，那作为其倒数的财务杠杆的基准在 250%（100% ÷ 40%）~333%（100% ÷ 30%），也就是说，基准值在 300% 左右。

所以，如果企业想要提高 ROE，那最好不要把重点放在财务杠杆上，而是要把重点放在净利率与总资产周转率的提高上。

常识 5 ROE 和公司规模及发展前景不直接相关

▷ ROE 用于表示股东的投资效率，与公司规模和公司的发展前景基本上没什么关系。公司规模和公司的发展前景是另外一个需要重新审视的问题。

ROE 是以 8%、10% 等百分比来计算的比率。这种百分比意味着效率的高低，和公司规模大小、扩展与否无关。也就是说，ROE 高的公司，规模不一定大，营业收入等也不一定呈现规模性的增长。因此，如果想知道公司的规模和发展前景，还需要确认公司的营业收入数值和营业收入增长趋势。

相反，如果一味想着提高 ROE，只留下那些投资效率高的项目，砍掉那些投资效率不高的项目，可能还会缩小公司的规模。所以，如上所述，必须要清楚 ROE 和公司规模及发展前景没有直接关系。

常识 6　行业风险不同，ROE 的标准也不同

▷ 行业不同，风险程度不同，ROE 的目标水平也不同。不确定性和变动性较低的食品行业的 ROE 目标水平可以稍微低一些，而那些风险较高的行业的 ROE 目标水平应相对较高。

ROE 的标准因企业而异。正如之前所说，ROE 是表示股东投资效率的指标。然而，就投资获利而言，包括股东在内的投资者们首先会把那种谁都能获利的利率（通常指国债的利率）作为最低获利标准，然后去投资一些有风险的股票作为平衡。

其中，那种谁都能获利的利率，对于投资公司的股东来说没什么差别。不过，风险因企业而异。

例如，味之素、明治控股和日本火腿这种食品行业的公司出售的是与人们日常生活息息相关并且人们会持续购买的商品，所以营业收入和利润非常稳定，风险也相对较低。而明显受市场行情影响的半导体行业就容易面临极高的风险。例如对于制造和销售半导体制造设备的东京威力科创等公司来说，由于已经投资了很多半导体生产设备，所以一旦市场上出现半导体需求量上升的苗头，它们的营业收入和利润就会大幅度增加。反之，一旦半导体的需求量下降，生产设备投资额就会大大减少，营业收入和利润也会大幅度下降。所以这类企业的风险极大。

这样一来，风险较低的食品行业的股东和风险较高的半导体行业

的股东对 ROE 的要求就完全不一样。也就是说，半导体行业的股东可能比食品行业的股东追求的 ROE 更高。

从过去的实际成果来看，在风险方面，股东想要额外获利的 ROE 平均值如下：美国约为 8%，日本约为 6%。不过，实际上这个标准也因企业而异。也就是说，股东追求的 ROE 标准具体如下：平均来说，美国是“国债利率 +8%”，日本是“国债利率 +6%”。而且“+8%”“+6%”这种具体数值也会根据企业的不同而有所不同。

常识 7　为什么日本企业的 ROE 普遍较低

▷　日本企业的平均 ROE 水平低于欧美企业。虽然原因多种多样，但一般认为主要原因是日本企业的净利率较低。日本很多行业的企业都认为激烈的价格战导致他们的净利率较低，从而导致 ROE 水平低于欧美企业。

从 2014 年开始，日本上市企业的 ROE 平均值维持在 10% 左右（2018 年 3 月约为 10%）。与此相比，美国大型企业的 ROE 平均值是 10%~20%，欧洲大型企业的 ROE 平均值是 10%~15%，所以日本企业的 ROE 相对较低。

此外，在日本经济产业部门主导的“为了持续性成长而应具备的竞争力与激励——建构企业与投资者的良好关系”这一项目里，2014

年 8 月发表的《伊藤报告》中提到，日本企业以 8% 的 ROE 最低水平来提高企业的获利能力。

另外，从 2015 年开始，在股东大会上行使决议权的机构股东服务 ISS 公司（Institutional Shareholder Services）制定了一个标准：如果企业过去五年的平均 ROE 未达 5%，他们可以反对最高管理层（董事长和总经理）的任命。

从以上内容来看，日本企业的 ROE 平均值高于《伊藤报告》和 ISS 的基准。但是，还是有许多低于这个基准的日本企业。在这种情况下，越来越多的日本企业试图确保 ROE 不低于 5%，基本达到或高于 8%。

那么，日本企业的平均 ROE 低于欧美企业的原因到底是什么呢？《伊藤报告》曾经指出这个问题，根据杜邦方程式来看，日本企业的净利率过低应该就是最大的原因。

另外，在《伊藤报告》中，许多参加此项计划的企业认为，造成日本企业的净利率过低的原因是过度的低价竞争。

除此之外，有些企业认为以下因素也是导致日本企业的净利率过低的原因：从低收益项目撤退时解雇人员的困难、供应链中不认可只提高自家特有利润的风气、长期交易关系中佣金长期均一化的倾向、公司法人的税率高、较高的能源成本、僵化的劳动制度、在基础生活层面的高成本结构等。

另外，一些企业内部人士认为，以下因素也可能是净利率过低的原因。具体包括：过度追求顾客需求以上的品质和功能、过度追求顾客定制化、商品和产品的生命周期过短、商品和产品的种类过多、做出项目与商品的选择以及市场撤退的决策过慢、白领阶层的生产力过低、过度追求用自己的技术和资源（排斥其他渠道的技术和资源）等。

另外，在某大型企业的董事长召开的会议中，很多高管认为，追求项目高效化时很难雇到合适的人才。并且，许多大型企业的中层领导认为，造成这一结果的原因是企业对获利的坚持不够。

但是，不管如何，企业都要面向未来，对商品和人才进行各式各样的投资，对顾客、员工、交易对象、股东、债权人、国家及地方公共团体、社会提供持续不断的价值。为了做出形式各异的回馈，企业必须要确保获得一定的利润。从这个意义上来说，认真思考提高净利率的方法并采取必要的措施是非常重要且必不可少的，日本企业净利率低的原因如图 1–2 所示。

- ☑ 做出项目与商品的选择以及市场撤退的决策过慢
- ☑ 从低收益业务撤退时解雇人员的困难
- ☑ 过度追求顾客需求以上的品质和功能、过度追求顾客定制化
- ☑ 过度追求用自己的技术和资源
- ☑ 商品的生命周期短
- ☑ 商品种类过多
- ☑ 白领阶层的生产力过低

图 1-2 日本企业净利率低的原因

- ☑ 对获利的坚持不够
- ☑ 在供应链中不认可只提高自家特有利润的风气
- ☑ 对于长期的交易关系有佣金长期均一化的倾向
- ☑ 公司法人的税率高
- ☑ 能源成本过高

图 1-2 日本企业净利率低的原因（续）

常识 8　股东权益与净资产的差别

▷ 股东权益与净资产的不同在于“非控股权益”和“新股预约权利”。只不过在大多数公司里，这两者的金额都非常小，所以股东权益和净资产不会有很大的差异。也就是说，在计算 ROE 时，即使把净资产当作分母，数据也不会有太大的出入。

虽然上面解释了作为 ROE 分母的股东权益和净资产几乎相同，但是我们还是再确认一下股东权益与净资产的差异吧。正如前文所说，ROE 指的是各个企业的股东对其所投资的企业的投资效率进行计算后得出的值。除此之外，资产负债表中的净资产表示股东对其企业投资的金额。

但严格来说，集团企业（合并财报）的 ROE，是站在其集团中心企业（母公司）的股东角度得出的投资效率。如果仔细查看表示各集团企业状况的合并资产负债表的净资产一项，会发现其中包括与母公司股东投资无关的内容。

具体来说，对于没有被母公司 100% 控股的子公司而言，有表示外来股东持股的非控股权益（之前称为少数股东权益）与表示将来可能成为股东权益的股本权证两种情况。

由于这两种情况中的金额都和母公司的投资金额无关，所以其会从净资产中扣除，被称为股东权益，成为 ROE 的分母。

股东权益=净资产－非控股权益（少数股东权益）－股本权证

但是，在大多数企业中，非控股权益和股本权证的金额一般都不大。因此，即使把净资产当作分母，ROE 也不会出现什么大的误差。

接下来我们来看看 ROE 的分子。ROE 的分子使用的是本期净利润，它是可供分配给股东的理论红利。但是，如果附注“归属母公司所有”，则说明与作为分母的股东权益的情况相同，该分子指的是归属于母公司所应获得的本期净利润。

正如以上解释，ROE是站在集团企业母公司的角度来计算的投资效率。

从 ROE 来看卡乐比的迅猛发展

如上所述，提升 ROE 的法宝是“提高净利率”。我们就来看看卡乐比是如何用这点来提高 ROE 的。

卡乐比自从 2011 年 3 月上市之后，在松本晃会长（2018 年 3 月卸任）的带领下业绩一直不错。我们用杜邦方程式来看一下这家公司的 ROE 变化，看看这家拥有虾味鲜、薯片、“卡乐比”等畅销零食的公司在数字上的表现。

卡乐比 ROE 的变化如下。

ROE= 净利率 × 总资产周转率 × 财务杠杆

2012 年 3 月

9.6%=4.3%×157%×141%

2017 年 3 月

14.5%=7.4%×139%×142%

由此得知，卡乐比的 ROE 在 5 年间从 9.6% 上升到 14.5%。从杜邦方程式的项目可得知，虽然净利率有所上升，但是总资产周转率有所下降，所以表示财务安全性的财务杠杆处于持平的状态，几乎没有什么变化。从这点可以得知，卡乐比 ROE 的上升，主要还是在于净利率的上升。

至于总资产周转率有所下降，主要是因为在业绩良好时期，现金、银行贷款和有价证券大幅增长。从实际上用于业务项目的资产和营业收入的角度来看，资产周转率几乎没有任何变化。另外，由于几乎没有融资和借款，所以财务杠杆很低，几乎没什么变化。

并且，卡乐比一直以来的特点就是以净利率为中心，把净利率当作提升业绩的基础。松本社长提出，类似于“卡乐比”这样的产品要非常重视“口感”。不过之前制作的重视口感的产品，价格高昂。

为了平衡口感和价格，松本社长首先降低采购成本，由此降低商品的售价，从而带动销量的上升。另外还提升了设备的使用效率，降低了固定成本，利润也大幅度增加。

松本社长提出，“卡乐比”是公司业绩大幅度提高的一个重要产品。“卡乐比”原本的名字是“水果麦片”，因为口感不错，所以收获了一批忠实的粉丝，但是营业收入却在 20 亿 ~30 亿日元停滞不前。

为了解决这一困境，公司先是把名字改为“卡乐比”；然后瞄准女性市场，宣传其能节省吃饭时间、含有有效改变女性便秘情况的“食物纤维”；同时向健康食品的方向发展，宣传能够解决女性因铁含量不足导致的贫血问题。

借由这三点，卡乐比的营业收入大幅提升，包括中国市场在内，能稳定收获 300 亿日元的营业收入。

对于这种转变，松本社长指出，管理者有必要把公司的方针和目标通俗易懂地传达给员工，并且做事也要考虑周全。除此之外，在评估未来的新项目时，要从以下两方面来考虑。

1. 是否对人类社会有益。

2. 是否能盈利。

对社会、顾客有帮助固然重要，但作为一家公司，只有赚到钱才能扩大业务和投资，给员工发工资，并且回馈股东和贡献社会。卡乐比 ROE 的上升就是这种重视盈利的经营态度的体现。

我们来比较一下卡乐比和江崎格力高的 ROE 吧。

ROE= 净利率 × 总资产周转率 × 财务杠杆

卡乐比（2017 年 3 月）

14.5%=7.4%×139%×142%

江崎格力高（2017 年 3 月）

9.4%=5.1%×109%×168%

从上可知，卡乐比的净利率和总资产周转率比较高，但是与借款和公司债务的活用程度有关的财务杠杆比较低。

而且，在卡乐比的本期净利率中，营业费用和一般管理费用控制得很好；在较高的总资产周转率中，营业收入和库存等方面的资产利用效率很高。尤其是总资产周转率方面，普通制造业大概是 100%，江崎格力高略高于这个水平，而卡乐比是 139%，可见资产的利用效率非常高。

在财务杠杆方面，与大概是 300% 的普通公司相比，卡乐比和江崎格力高的水平略低，这两家公司都处于没有实质借款的状态。不过卡乐比的财务杠杆比江崎格力高更低，财务安全性更高。

卡乐比的财务报表分析

合并损益表

金额单位：百万日元

项目	金额	比率 /%
营业收入	252,420	100.0
营业成本	140,847	55.8

续表

项目	金额	比率 /%
营业毛利	111,573	44.2
营业费用和一般管理费	82,732	32.8
研发费用	2,168	0.9
广告宣传费用	2,662	1.1
促销费用	35,023	13.9
人事费用	14,807	5.9
运费	13,144	5.2
营业利润	28,841	11.4
营业外收入	536	0.2
营业外费用	751	0.3
税前净利润	28,625	11.3
非经常性经营收入	279	0.1
特别损失	1,204	0.5
税金调整前本期净利润	27,700	11.0
所得税费用	9,095	3.6
本期净利润	18,605	7.4

从合并损益表来看，卡乐比的净营业收入是 2,524 亿日元（同时期的江崎格力高是 3,532 亿日元），在日本食品业界的上市公开企业中排第 30 位，占有一定的地位。另外，卡乐比的营业毛利率是 44.2%（江崎格力高是 46.8%），有些数做了舍入，所以总数与分项数据之和可能略有差距。由于两家公司生产、销售的产品种类不同，所以即使卡乐比的营业毛利率比江崎格力高稍低，但也确保了一定的附加价值。

从表中还可得知，卡乐比的营业利润率是 11.4%。而日本食品厂商的营业利润率的平均水平是 5%~10%，由此可知卡乐比的营业利润率高于其他厂家，包括江崎格力高（6.9%）。

卡乐比的营业毛利率稍低，营业利润率较高，这说明营业费用和一般管理费得到了有效的控制。

具体分析营业费用和一般管理费可得知，虽然食品行业的技术革新不是很迅猛，但卡乐比在研究开发方面的支出仅为0.9%（江崎格力高是1.6%），这个比率很低。不过，由于卡乐比公司的产品是面向普通消费者的，所以广告宣传费用和促销费用的比重很高。广告宣传费用比率为1.1%（江崎格力高是3.3%），促销费用比率为13.9%（江崎格力高是15.4%），总计比率为15%，成本非常高。此外，人事费用比率为5.9%（江崎格力高比率为7.9%），运费比率为5.2%（江崎格力高比率为8.6%），也支出了相当多的费用。

不过，不管是哪一项成本，相对于江崎格力高来说，卡乐比的比率都更低。实际上，从营业费用和一般管理费占总体营业收入的比率来看，江崎格力高是39.9%，而卡乐比是32.8%，比江崎格力高略低。这些都表示卡乐比的营业费用和一般管理费控制得更好。

营业外收支和特别收支的金额很小，扣除所得税后约为30%，本期净利率为7.4%。

合并资产负债表

金额单位：百万日元

项目	金额	比率 /%	项目	金额	比率 /%
流动资产	97,884	53.8	流动负债	37,079	20.4
金融资产	52,960	29.1	应付账款	9,668	5.3
应收账款	28,600	15.7	银行借款和公司债券	1,246	0.7
存货资产	9,895	5.4	非流动负债	9,875	5.4
固定资产	84,126	46.2	银行借款和公司债券	308	0.2

续表

项目	金额	比率 /%	项目	金额	比率 /%
有形固定资产	70,835	38.9	负债合计	46,954	25.8
无形固定资产	4,483	2.5	净资产	135,056	74.2
投资及其他资产	8,808	4.8	留存收益	111,936	61.5
资产合计	182,010	100.0	负债与净资产合计	182,010	100.0

从卡乐比的合并资产负债表来看，流动资产中的金融资产仅为整体的 29.1%（江崎格力高是 30.6%）。与此相比，流动负债和长期负债中的银行借款和公司债券合计只有 0.9%（江崎格力高是 10%），占比非常低，处于没有实质借款的状态。而且，与一般公司的净资产（比率为 30%~40%）相比，卡乐比的净资产比率为 74.2%（江崎格力高是 61.2%），比率非常高，所以在财务安全性方面表现得相当出色。同时，江崎格力高的财务安全性也很高，高于业界平均水平。

另外，在资产方面，如前所述，由于金融资产较大，所以流动资产比率为 53.8%（江崎格力高是 52.5%），超过了一半。不过有形固定资产比率为 38.9%（江崎格力高是 27.6%），占了相当一部分比率，这意味着卡乐比有自己的设备，能自主生产产品。无形固定资产的比率较小，仅为 2.5%（江崎格力高是 1.8%），表明应该没有进行企业收购。江崎格力高的资产构成几乎与此相同。

营运资本的周转期

项目	天数
应收账款的周转期	41

续表

项目	天数
存货资产的周转期	26
应付账款的周转期	25

在营运资本方面，卡乐比的比率如下：应收账款占 15.7%、存货资产占 5.4%、应付账款占 5.3%。周转期分别是 41 天、26 天、25 天，整体来看时间非常短。而江崎格力高的周转期分别是 38 天、54 天、57 天。从这点来看，卡乐比在应收账款的周转期上与业内其他公司相差不大，不过在存货资产的周转期和应付账款的周转期上花费的时间非常短，这说明卡乐比的库存管理做得比较好，而且可能会提前支付一些款项。

合并现金流量表

金额单位：百万日元

项目	金额	比率 /%
经营活动的现金流量	25,958	100
投资活动的现金流量	–13,404	–52
取得的有形固定资产和无形固定资产	–9,372	
取得的子公司股份	0	
融资活动的现金流量	–14,711	–57
支付股息	–5,667	
买回库存股	0	
合计	–2,157	

从合并现金流量表来看，经营活动现金流量的 260 亿日元中有一半用于设备投资等投资活动，剩下的另一半主要用在分配股息等融资活动。这种模式说明卡乐比是典型的稳定性非常强的公司。

另外，用表示每年平均增长率的 CAGR（Compound Average

Growth Rate，年均复合增长率）来计算 5 年内的营业收入，从此数据来看，卡乐比是 9.1%，而同时期的江崎格力高只有 4%。与江崎格力高相比，卡乐比保持了较高的增长率。从之前所述的 ROE 在 5 年内的变化趋势来看，卡乐比能够维持较高的净利率，同时公司的实力也会随之增强。

分部报表

金额单位：百万日元

所在地	营业收入	比率 /%	有形固定资产	比率 /%
日本	223,441	88.5	51,821	73.2
北美	11,606	4.6	9,032	12.8
中国	1,565	0.6	503	0.7
其他	15,806	6.3	9,477	13.4
合计	252,418	100.0	70,833	100.0

从各地域的分部报表来看，日本的营业收入比率高达 88.5%。虽然进军了北美和中国市场，但日本的海外市场仍有很大的拓展空间。在这点上，江崎格力高也是如此，在日本的营业收入比率高达 87.2%，但日本的海外市场发展还有很大的突破空间。由此可见，进军日本的海外市场是日本食品生产商的共同课题。

另外，从各地域的有形固定资产来看，卡乐比在日本的海外市场也有一些有形固定资产，这类有形固定资产与营业收入有某种程度的联系。这说明卡乐比正逐步在日本的海外市场建厂，这样一来，在生产单价较低的食品时，可以压缩一定的物流费用。

参考文献

・西山茂（2006）『企業分析**シナリオ**第 2 版』東洋経済新報社.

西山茂（2006）《企业分析方案第 2 版》东洋经济报社。

・西山茂（2016）「ROE **から**考**える**日本企業**の**課題」『年報財務管理研究』日本財務管理学会，第 27 号，pp.106–120.

西山茂（2016）"从 ROE 思考日本企业的课题"《年报财务管理研究》日本财务管理学会，第 27 号，pp.106–120.

・「持続的成長**への**競争力**とインセンティブ**～企業**と**投資家**の**望**ましい**関係構築～」**プロジェクト**（伊藤**レポート**）最終報告書（平成 26 年 8 月）

"可持续增长的竞争力与激励—在企业与投资人之间建立理想的关系"项目（伊藤报告）最终报告书（平成 26 年 8 月）。

・2017 年版　日本向**け**議決権行使助言基準（2017 年 2 月 1 日施行）ISS

・2017 年版，日本投票权行使决议标准（2017 年 2 月 1 日施行）ISS。

・「**カルビー** CEO 松本晃氏**の**経営哲学。成長**のコツは**、経営者**も**社員**も**考**えること**」

卡乐比 CEO 松本晃的经营哲学。增长的关键是同时考虑经营者和员工。

・有価証券報告書（**カルビー**（株）、江崎**グリコ**（株））

有价证券报告书 [卡乐比（株），江崎格力高（株）]。

・カルビー（株）**ホームページ**

卡乐比（株）官方网页。

・江崎**グリコ**（株）**ホームページ**

江崎格力高（株）官方网页。

第2章

财务杠杆的使用方法

无负债经营真的好吗

如前章所述，财务杠杆是提高 ROE 的一个要素。财务杠杆高并且持续积极发展业务的代表性公司就是软银集团。

财务杠杆高指的是一般依靠借贷或公司债券等负债进行经营。从稳定经营的角度来看，这是十分不利的。但是提高财务杠杆会有一些优势，那具体有哪些优势呢？我们以软银集团为例来看看吧。

以软银集团为例来看股价和评级的差异

在孙正义的领导之下，软银集团这几年有效运用高额的融资资金收购了美国的合作公司——斯普林特（2013 年 9 月完成），并把英国的半导体设备公司——安谋控股公司（ARM 公司）纳为旗下子公司（2016 年 7 月完成）。这些举措让软银集团的营业收入从 2013 年 3 月的 32,025 亿日元攀升到 2017 年 3 月的 89,010 亿日元，四年内营业收入增加了 1.8 倍左右。但是，2017 年 3 月，软银集团的借款总共达到了 148,584 亿日元，而净资产金额只有 44,697 亿日元，也就是说，借款约为净资产的 3 倍。

对于一直采取积极策略的软银集团，评级公司对其的评估并不算好。2017 年 5 月 10 日，各家机构对软银集团进行了评级。日本的信用评级公司——日本评级研究所（JCR）虽然给出了 A- 这个较高的评级，但美国标准普尔（S&P）给出的评级却是 BB+，穆迪（Moody's）更是给出 Ba1（相当于 BB+）这个较低的评级（2018 年 2 月 7 日的评级结果与此相同）。这说明，以美国的信用评级公司的评级基准来看，软银集团的业务拓展多少会让人对其偿还借款和支付利息的能力感到担忧。

此外，若站在股东的立场来评估股票市值（Market Capitalization，亦称作市场价值），软银集团在 2017 年 7 月 21 日的市场价值是 101,525 亿日元，在日本公开上市企业中排第四。

这一事实意味着，像软银集团这样不惜融资借贷也要积极大力投资的企业，虽然从信用评级来看负面评价较多，但股东们却更倾向于给予其正面评价。这两个角度的着重点不一样，而且这种平衡也会随着经济环境和业务状况不同而有所变化，但比起信用评级，软银集团似乎更重视以股东们的观点来经营企业。

另外，软银集团在 2018 年 2 月 7 日宣布，集团中负责电信业务的 Softbank 的股票即将上市；并且在 2018 年 4 月 30 日宣布，集团在美国的手机子公司斯普林特将与 T-Mobile 合并（非子公司化）。如果这些措施真正实行，那在某种程度上可能会改善财务的安全性。

现在，我们用杜邦方程式来比较一下软银集团和 NTT DOCOMO 的 ROE 吧。

ROE= 净利率 × 总资产周转率 × 财务杠杆

软银集团（2017 年 3 月）

39.8%=16%×36%×687%

NTT DOCOMO（2017 年 3 月）

12% =14.2%×62%×135%

从结果来看，两家公司都超过了日本上市企业的平均水平（10%），特别是软银集团的 ROE 非常高。

从杜邦方程式的详细内容来看，首先两家公司的营业收入当期净利率都相当高，这意味着，两家公司的核心业务——日本电信服务业务虽然竞争激烈，但在包括 au（KDDI）在内的三家公司的市场垄断中，仍然能确保较高的收益。

另外，软银集团的营业利润率虽然比 DOCOMO 略低，但好在有阿里巴巴等持股公司的业绩贡献，以及出售阿里巴巴和 Supercell 的股份，再加上电信服务等以外的业务等投资成果，让软银集团的本期净利率高于 DOCOMO。

两家公司的总资产周转率都很低，特别是软银集团。这是因为两家公司做的都是设备投资型的业务，其核心业务是电信服务，需要众多无线通信设备。而且手机终端等销售货款的回收周期较长，导致资产有膨胀的趋势，造成总资产周转率低。再者，软银集团由于之前几次大型收购导致固定资产数额变得十分庞大，也影响了总资产周转率。

与此相反的是，财务杠杆截然不同。以一般水平在300%左右为基准来看，软银集团远远超过一般水平，而DOCOMO则远远低于一般水平。这一点显示出两家公司的巨大差异：软银集团以大型收购及融资借款来进行公司经营；而相较而言，DOCOMO不怎么进行大型收购，而是从高收益的日本电信业务中累积获利，财务安全性相当高。由此可见，软银集团以后可能会减少借贷、降低财务杠杆，而DOCOMO则有可能会通过融资筹措投资等方式来提高财务杠杆。

像软银集团这样财务杠杆高、ROE高、股东评价也高，但评级却不高的情况值得大家探讨，在本章中我们将会一点一点对此进行说明。

常识9　评级是指对“偿还借款能力”的评估

▷ 所谓的信用评级，是评判企业能否按计划偿还借款，以及能否按计划偿还利息。另外，信用评级较高的公司因为“安全性”较高，所以往往能得到较低的借款利率。

对于使用融资借款以及公司债券积极进行投资的软银集团，评级公司对其的评价比较严格。

评级是对公司进行信用评价的结果，所以评价高的公司一般会被认为是更优秀的公司。这类日本公司有丰田汽车、本田技术研究公司

（HONDA）、佳能、7&I 控股公司等。日本首屈一指的评级公司——评级投资信息中心（R&I）给上述公司的评级是 AA+ 或 AA，这是相当高的评价。之前有家外资企业还拍广告炫耀自己拿到了评级中的最高级——AAA。

这样看来，所有公司都在追求高评级。不过，虽然软银集团的评级不高，但低评级真的是一个问题吗？或者说，高评级就真的没有问题吗？

评级这一概念诞生于 19 世纪后半期到 20 世纪初的美国，那时美国正处于西部开拓时期。当时，很多公司都在建设横贯西部大陆的铁路，因此需要巨额的资金。然而，在当时，仅靠铁路公司自己是无法解决资金问题的，因此，为了筹集资金，他们开始大量发行债券。

但是，有些公司因为各种原因中途停止经营或者直接破产，这让购买债券、借钱给铁路公司的人蒙受了巨大的损失。于是，那些为了铁路建设而发行债券的公司就提出了“评级”这一概念，用来评价某公司是否值得信赖。

从这段历史中可得知，所谓评级，是评估各式各样的组织和团体在发行债券、从外部筹集资金时，能否按计划偿还借款和利息。

从购买公司债券的投资者的角度来看，一家公司能不能偿还借款、能不能按时支付利息是非常重要的一件事，而评级就是在评价公司偿还借款和利息的可能性。简而言之，评级是评估购买某公司债券是否会有问题的一个基准。

评级会影响各家公司融资借款的利率。具体来说，如果评级高，说明评级公司认为这家公司有能力偿还借款和利息，以及认为这家公司的公司债券是安全的，所以降低利率的可能性也更大。另外，如果评级低，那说明评级公司认为这家公司可能没能力偿还借款和利息，所以这家公司的公司债券有很大的风险，因此利率变高的可能性更大，评级的意义、发行债券公司的评级等级和含义分别如图 2-1、图 2-2 所示。

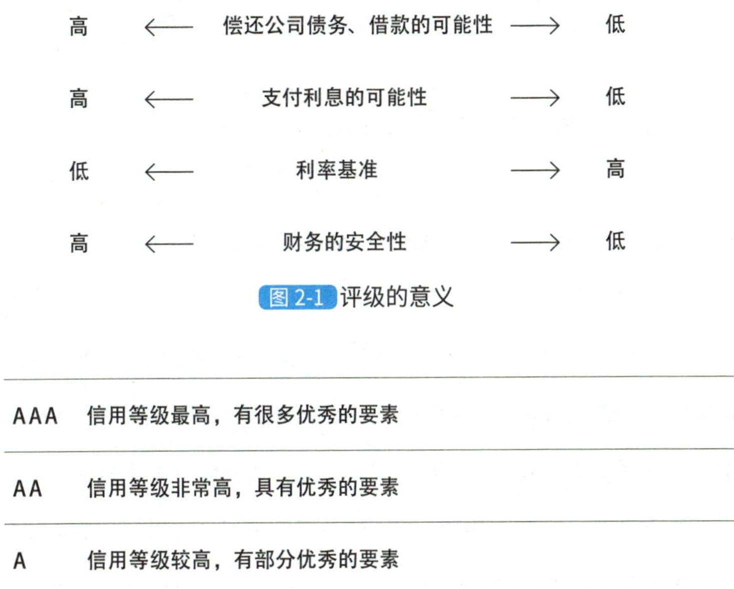

图 2-1 评级的意义

AAA	信用等级最高，有很多优秀的要素
AA	信用等级非常高，具有优秀的要素
A	信用等级较高，有部分优秀的要素
BBB	有一定的信用能力，但将来环境发生巨大变化时，需要注意一些要素

图 2-2 发行债券公司的评级等级和含义

BB	信用能力暂时没有问题，但将来环境发生巨大变化时，需要十分注意一些要素
B	信用能力有问题，有需要不断注意的要素
CCC	信用能力有重大问题，有无法偿还金融债务的风险
CC	发行债券的公司对所有金融债务都有无法偿还的风险
D	R&I判断后认定，发行债券的公司无法偿还所有的金融债务

来源：评级投资信息中心（R&I）主页

图 2-2 发行债券公司的评级等级和含义（续）

一般来说，最高评级是AAA(triple A)，接下来的是AA(double A)、A (single A)、BBB (triple B)、BB (double B) 等。虽然 AAA 只有一个，但是 AA 以下还有 AA+ (double A+)、AA (double A)、AA– (double A–) 这三个级别。

在这些评级之中，BBB– (triple B–) 以上的评级说明具有一定的安全性，如期偿还公司债券本金和利息的可能性较高。而 BB+ (double B+) 以下的评级则说明很可能无法偿还公司债券的本金和利息。

也就是说，如果是 BBB– 以上的评级，那即使借出资金也不会有太大的问题；但如果是 BB+ 以下，那资金很可能会有借无回。BBB– 和 BB+ 有着巨大的差距。从结果来看，很多企业都想把评级维持在具有一定安全性的最低水平的 BBB–。

世界上有三家知名的信用评级机构，分别是美国的标准普尔、穆迪，以及欧洲的惠誉国际（Fitch）。这三家公司会对世界上所有大企业进行评级，当然也包括日本的企业。

日本有两家信用评级机构，分别是 R&I（评级投资信息中心，隶属于日本经济新闻社集团）和 JCR（日本评级研究所）。这两家机构只针对日本的企业进行评级，因此在世界范围内不如上述三家机构有名。

常识 10　评级的两个要点

▷ 进行评级时有两个要点，简单来说可以归纳为“作为返还借款和支付利息的现金流的多少和稳定性”，以及“借款金额的大小”这两点。

评级公司是以什么为基准来进行评级的呢？各家评级公司会设定各自的基准和方针，这些基准和方针不一定一致，但是一般来说都会重视以下两点。

第一点是从是否有能力偿还借款这一角度来看，现金流是否强大、是否稳定。

为了增强现金流的产出能力，公司的各项业务必须保证持续获利。

为了提高现金流的稳定性，在各式各样的业务中，企业要优先选择那些获利稳定性较高的业务，降低那些获利稳定性较低的业务的比例。

另外，业务要尽量多元化。这样一来，各项业务业绩好的时期和业绩不够好的时期会错开，好业绩和坏业绩相抵，从结果来看会让整个企业的业绩倾向于稳定，这不是一件坏事。

再者，要在各个地区都开展业务。因为各个地区发展好的时期和发展不好的时期也可能不一样，最后依然是好业绩和差业绩相抵，从企业整体来看，业绩也会趋向于稳定。

也就是说，为了让现金流更加稳定，最好在不同地区开展方向各不相同的业务。

评级公司看重的第二点是必须偿还的借款金额的大小。这一点虽然比第一点的重要性低，但借款越少，偿还本金就会变得越简单，支付利息时的压力也会小很多，如期偿还本金的可能性就会更高。反之，借款越多，偿还本金时会越辛苦，同时也会提高支付利息的难度，从而降低如期偿还本金和利息的可能性。

从以上两点来看，为了提高公司的信用评级，最好增强以业务为中心的产出现金流的能力，而且要减少借款。

常识 11　股东不一定喜欢“高评级”

▷ 前文提到，评级的要点是“现金流的产出能力和稳定性”以及“借款金额的大小”。但是，评级的标准和股东的喜好之间有所差异。因此，对于非常重视股东想法的公司来说，追求的目标不是最高评级 AAA，而是适中的评级水平，如 A。

我们站在股东的立场上来看看与评级有关的两个要点。

如上文所说，第一个要点是“以业务为中心的产出现金流的能力是否强大和稳定”。现金流的产出能力越强，意味着公司业务获利越多，对股东来说分红也就越多，因此股价自然而然就会升高。

不过，现金流的稳定性则完全另当别论。因为对于股东来说，高稳定性并不意味着高收益。举例来说，即使某家公司的现金流稳定性较低，但如果这家公司是“借由投资让自己发展得更好”“有发展前景”等，那从股东的立场来看，这家公司将来有巨大的获利可能性，这样的公司对股东来说非常具有吸引力。

另外，上文说为了让业绩更加稳定，公司最好在不同地区开展方向各不相同的业务，但股东更希望公司能够在固定的地区专注特定的业务，这样能提高效率，可能会赚得更多。

也就是说，在现金流的稳定性方面，评级的标准和股东的喜好之间有所差异。

接下来我们来看看“借款金额的大小”这一点的影响。如上文所说，为了提高评级，公司最好减少借款金额，这样会增加偿还本金和支付利息的可能性。不过，如果站在股东的立场上来看，融资少不见得是好事。如果考虑到通过支付利息而省下来的税费，那公司的贷款其实是一种负担较轻的资金。也就是说，公司借贷少意味着没有利用好成本较低的资金，这对公司来说是一种很大的浪费。

如上所述，在“借款金额的大小”这一点上，评级的标准和股东喜好之间有所差异。

也因此，当美国大型企业的高层管理者在公开场合发布消息“我们今后会以AAA等级为目标来改善目前的财务体制”时，第二天其公司的股价会大幅下跌。也就是说，评级只是从“能不能如期支付借款和利息”这一点上做出的评价，而这一点与公司未来的发展以及重视利益的股东的评价是有出入的。

如此一来，公司就会选择维持一个适度的评级，确保在某种程度上能够偿还借款和支付利息，同时也会不断发展在股东眼中有未来的业务。

也就是说，公司应该在必要时进行适度的融资，同时也不拘泥于现金流的稳定性，并且在考虑到公司未来发展的基础上进行各种投资，还要在维持评级和保证股东权益之间寻求平衡。美国就有一些公司把评级维持在A设为目标。总而言之，在讲究稳定性的同时，有必要考虑股东的观点。

简单总结一下：在股东看来，高评级的公司会由于过于重视稳定性，从而产生不够重视公司发展、不能活用低成本的贷款、过于稳定等各种问题。

常识 12　高评级的代价很高

▷ 为了拿到高评级，公司会非常重视稳定性较高的业务，同时也会减少贷款，但这样反而会使公司在业务方面受到制约，并且影响投资。所以，高评级可能会让公司牺牲更多。

我曾经跟某位日本大型金融公司的社长说："如果你追求类似AAA这样的高评级，那你付出的成本和代价会非常高昂。"举个例子，假设一家公司已经取得了A、AA这类很高的评级，但仍然还想拿到最高级AAA，那其就要为了保证稳定性而牺牲很多业务的发展。并且，还要减少贷款、减少投资，在财务方面受到很大的制约。所以，这种牺牲是相当大的。

综上可知，对很多公司来说，在追求高评级的同时需要对一些必不可少的牺牲做好心理准备，并且要在追求高评级与促使公司良好发展之间寻求平衡。

常识 13 经济环境和行业不同，评级的重要性也不同

▷ 上文说公司要在提高评级和满足股东喜好之间找到平衡，但是这种平衡会根据经济环境和行业不同而有所差异。在经济环境不稳定的情况下，对于借贷和保留大量资金的金融机构而言，更重要的是评级。反之，在经济环境比较稳定的情况下，应更重视股东的喜好。

评级和股东之间的平衡会根据经济环境和行业的差异而有所不同。

首先我们来看看经济环境的影响。如果经济环境比较安定，那当公司未来的发展比较明朗时，更容易偿还借款和支付利息。由此，公司就可以牺牲评级，更重视股东的喜好。

另外，如果经济环境不够稳定，那公司的未来也不够明朗，这时很容易无法按时偿还借款和支付利息。因此在这种情况下需要更重视评级，弱化股东的喜好。

像这样根据经济环境的变化来寻求评级和股东之间的平衡是非常有必要的。

其次我们来看看行业差异带来的影响。第一，对于必须调度巨额资金的金融业界来说，按期偿还借款和支付利息这一点非常重要。第二，由于支付的利息较多，所以公司会希望能够降低一些利率。因此，

相比股东的喜好，金融业界会更重视评级，更期望拿到 AAA 这样的高评级。

另外，制造业和零售业公司等通常不会进行巨额融资，所以他们偿还本金和支付利息的重要性就没有那么强。因此，相较于评级，他们更倾向于重视股东的观点，牺牲一定的稳定性，根据公司需求增加借贷，为将来的发展进行投资。也就是说，他们的目标不是最高级的 AAA，而是 A、BB 这类能保证一定水平的评级。

如上所述，经济环境和行业不同，评级目标也会不一样。尤其是在经济环境特别好的情况下，一些不太需要重视稳定性和安全性的企业反而不希望拿到 AAA，这一点需要特别注意，评级与经济环境及行业特性如图 2–3 所示。

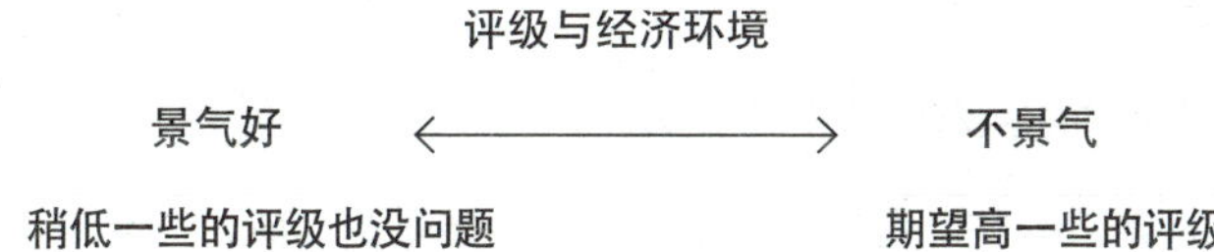

评级与行业特性

需要重视稳定性的行业 ⟷ 不一定要重视稳定性的行业

（金融机构等） （制造业、零售业、服务业等）

希望高一些的评级 没必要以最高评级为目标

图 2-3 评级与经济环境及行业特性

常识 14 “无负债”虽然安全但也有缺点

▷ 无负债指的是完全没有借贷，或者自己的现金和银行存款超过借款。无负债的优点是在财务上非常安全，缺点是无法通过支付利息来节约税金。

正如之前所说的那样，信用评级的要点之一就是借款的大小。在此基础上，我们来确认一下“无负债”这一概念的含义以及优缺点吧。

我们先来确认一下无负债的含义。所谓无负债，顾名思义，指的是完全没有融资资金和公司贷款等从外部借贷的资金状态。另外，如果拥有超过所借资金的现金或存款，能够随时偿还借款，那也可以认为是无负债。

那无负债的优点和缺点各是什么?

优点的话，不用说大家也知道，因为没有借款，所以不会因为无法偿还借款而造成公司破产。这意味着公司的财务安全性很高，这就是无负债的好处。

那无负债的缺点到底是什么?平时不太接触财务相关事务的人也许无法立刻想到答案。但从财务的角度来说，无负债有很多缺点。

不过，在此先让我们来看一下融资的好处。

首先，进行融资就意味着需要支付利息，而支付利息会减少公司的利润，从而减少原本应该支付的税金。也就是说，融资可以节省税费。

举个例子，如果你融资 100 万日元，那为了支付利息就会导致利润减少 100 万日元。假设征收利润的税率是 30%（2018 年 3 月，日本公司的税率大概是 30%，人口规模较大的发达国家的平均税率是 25%），那就可以省下 30 万日元（100 万日元 ×30%）的税金。

也就是说，进行融资可以通过支付利息将 30 万日元的现金流留在公司。由此可知，融资的优点之一就是通过节约税费把现金留在公司。

不过，这一优点需要公司在获利的情况下才能有效。所以，这个优点只适用于能够获利的公司。

我们再从别的角度进一步来对此进行说明。公司通过各种业务获得的利润该如何分配呢？在财务上，公司业务获得的利润会被分配到三种相关者身上。

在日本，这些钱首先作为股息分配给股东分红，然后作为要偿还的本金与待支付的利息分配给银行和其他贷款人，最后作为税收分配给国家和地方公共团体。

其中真正能给公司提供资金的是股东和银行。那该如何增加分配给股东和银行的金额呢？开门见山地说，方法就是通过调整对国家和地方公共团体支付的税金合理避税。所以对很多公司来说，减少税金的方法之一就是通过融资来支付利息，从而减少利润，降低缴纳的税金。

常识 15　资本成本的意义和“股东期望”之间的关系

▷ 资本成本指的是从外部借入资金时的成本。反过来说，就是为企业提供资金支持的股东和银行要求的获利基准。从资本成本的角度来看，由于无负债，所以没有活用可以降低成本的融资资金，不免有些可惜。

无负债与信用评级有关，也与最近成为热门话题的资本成本有关。所谓的资本成本，指的是从银行等机构获得的借款和股东出资的资金成本。

其中，在借款方面，由于借贷需要支付利息，所以利息就是成本。不过，正如之前所说的那样，支付利息的好处是能减少企业的利润，从而节省税费。去掉节税效果后的利息，就是借款的成本。考虑到节税这一点，借款的成本是相当低的。

另外，股东的资金成本是股东投资后期望或要求的获利金额。为什么这么说呢？因为如果公司没有创造出股东期待的利润，那股东就会卖掉股票，股价就会下跌。也就是说，如果公司想要维持股价，并进一步提高股价，那就必须符合股东的期待和要求，不断提高利润，让股东继续进行投资。满足股东的要求，或者为了符合股东的期望而不断提高获利就是公司的义务，而这项义务就可以看作成本。

另外，股东要求的获利包括两点：分红和股价上升部分的红利。企业必须要支付股东要求的分红。同时，为了达到股东要求的股价上涨，企业必须要确保分红和股价上涨的基准，也就是说本期净利润要达到一定的水平。

简而言之，股东期望的获利，即提高本期净利润，就是获得股东出资的成本。

但是，对于股东来说，获利，即分红和股价的上升有可能会因为企业业绩等要素而发生重大的变化。因此，一般认为股东期望能得到与风险性较强的股票相匹配的更大的利益。也就是说，由于股东期望高收益，所以公司必须确保获得高额利润。从这点来看，股东出资的成本是很高的。

综上所述，在无负债情况下，由于是靠成本高昂的股东出资获取资金来维持业务运转，所以公司必须想办法赚更多的钱，负担也会加重。反过来说，为了降低资本成本，公司可以使用成本更低的借款。

常识 16　计算资本成本经常使用的 WACC 的含义和运用方法

▷　资本成本通常被当作为 WACC 进行计算，WACC 是指借款成本和股东出资成本的加权平均。WACC 的基准根据谁都能获利的利率水准、企业风险大小、低成本借款的资金量而变化。另外，如果企业想要继续从资金提供者那里获得资金，就需要确保获利超过资本成本。

一般用作资本成本的 WACC（Weighted Average Cost of Capital，加权平均资本成本），指的是筹措资金的整体成本，通过分别计算借款成本（融资和公司债务，多被称为 DEBT）和股东出资成本（多被称为 EQUITY），并将二者进行加权平均计算。

其中，借款的成本即是利息。不过，在计算税金时，利息又会变成费用，能够节省税费。所以从利息中减去有节税作用的费用，即“利息 ×（1– 税率）”是借款的净成本。

另外，股东出资的成本即是股东对公司期待的收益。不过，一般认为股东期待的收益是利息和风险的结合。

为什么这么说呢？首先，利息是股东们的一种选择。股东们有很多投资目标，除了股票之外还有国债。因此，只要国家处于安全状态，假设国债的利率是 1%，那买国债的话，每年最少也能确保赚到买入金额的 1%。在这种情况下，股东们会认为，股票投资最起码也要达到谁都能获利的国债利率的地步。这就是以国债利率作为基准利率的原因。

其次，投资股票必须要承担不知道能不能赚钱的风险（不确定性、波动等，详见常识 20），因此我们一般认为，股东们既然承担了风险，就自然而然期待股票投资比国债利润赚得更多。这就是加上风险部分来计算的原因。

换句话说，股东们的想法是，不满足于仅仅赚到任何人都能赚到的国债利润，要赚到与承担的风险相对应的利润。

以这种利率和风险为基础，用于推测股东期待的获利水平的常用计算公式被称为 CAPM（Capital Asset Pricing Model，资本资产定价模型）。这个计算公式的基准是国债利率，以及过去投资股票时产生的超过国债利率的额外获利的市场风险溢价（以股票市场来看是否有承担风险的价值）。其次，还要根据股票价格波动的幅度来衡量每家企业的风险，而反映每家企业股东价值之间的差异的概念叫作 beta 值，根据 beta 值的大小调整各家企业股东期待的获利基准。

如此一来，将借款成本和股东出资成本这两者进行加权平均计算，得出的结果就是企业整体的资本成本，它被称为 WACC。日本企业的 WACC 大多在 5%~10%。

另外，计算出的 WACC 会根据国债利率的高低、业务风险的大小、借款的多少而发生改变。

这是因为国债利率的高低会影响资金提供者对最低获利限度的要求，业务风险的大小会影响追加获利的基准，借款的多少也会影响由于节税而降低了成本的情况下的借款的比重。一般而言，在国债利率较低、业务风险较小、借款较多的情况下，WACC 会变得比较低；反之 WACC 会升高，影响 WACC 水平的主要因素如图 2-4 所示。

另外，WACC 意味着向企业提供资金的银行和股东期待的、要求的盈利水平。因此，在评估最低资本回报率（Hurdle Rate，投资计划中的最低获利限度）或评估投资计划时，会把将来的现金流折现成当前的价值来进行计算，WACC（加权平均资本成本）结构示意如图 2-5 所示。

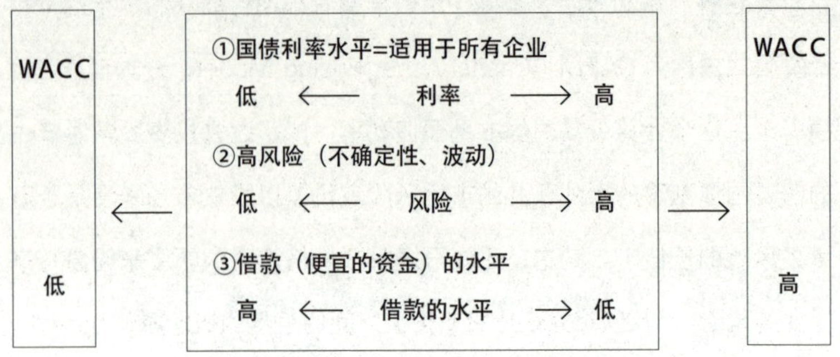

图 2-4 影响 WACC 水平的主要因素

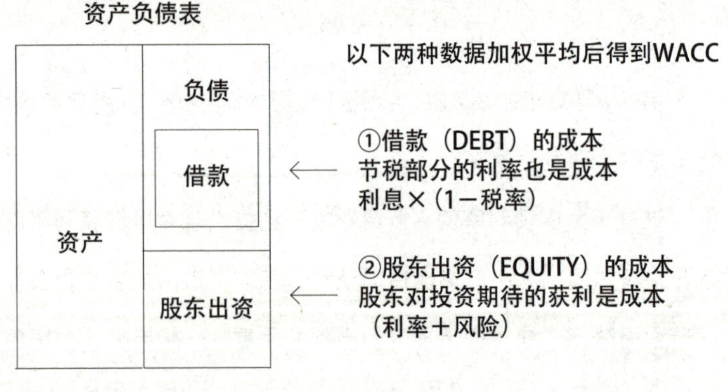

$$WACC = \frac{D}{D+E} \times I \times (1-t) + \frac{E}{D+E} \times [R_f + \beta(R_m - R_f)]$$

D：借款金额

E：股东出资额

I：借款利率

t：实际税率

R_f：无风险利率（国债利率等）

β：Beta值

$R_m - R_f$：市场风险溢价

图 2-5 WACC（加权平均资金成本）结构示意

常识 17　以最佳资本结构来平衡债务的优缺点

▷　融资的优点是可以支付利息、减少利润、借由节税而留下更多现金流，缺点是在财务方面的安全性会降低。企业要保持优缺点平衡。借款和股东出资的最佳构成比率被称为最佳资本结构。

支付利息会减少利润，从而节省税费，这样会给企业留下更多现金流。这是借贷的优点，同时也是无负债的缺点。因此我们可以说，无负债经营未必是件好事。

无负债的优点是能保证财务的安全性，缺点是无法通过支付利息来节约税费，这两者之间要掌握好平衡。也就是说，要掌握好合适的借贷水平。借款和股东出资之间的最佳构成比率被称为最佳资本结构，其示意如图 2–6 所示。

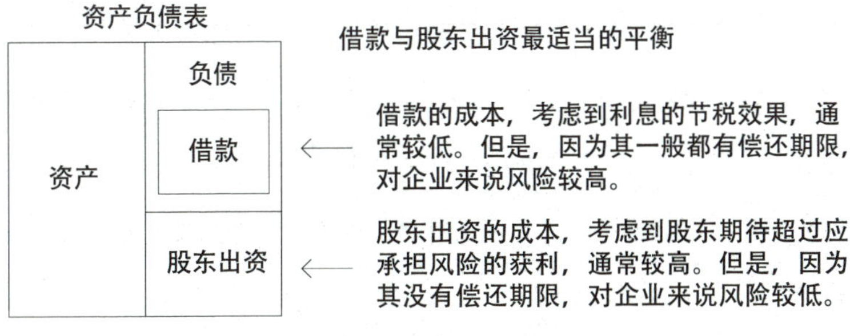

图 2-6 最佳资本结构示意

从最佳资本结构来考虑的话，无负债经营意味着没有利用好利率带来的节税效果，这在某些情况下会成为一个问题。

常识18　业务内容及业界排名与无负债的关系

▷　无负债的含义会根据业务内容的不同而有所差异。一般来说，如果公司的业务稳定性较强、有所获利，并且也有贷款的能力与必要，那无负债经营就太可惜了。但是，如果公司的稳定性较差，也不怎么赚钱，那最好少借款，也可以选择不借款。也就是说，最佳资本构成会根据业务内容的不同而不同。另外，规模和盈利能力排名在行业前列的公司，由于企业盈利、资金充裕，不需要借款，因此也容易成为无负债企业。

无负债的含义会根据业务内容的不同而有所差异。例如，铁路公司有电车、车站、铁路等设备和土地，只要将设备及土地等作为担保，就可以借到资金，所以铁路公司的价值不可能急剧下降。另外，铁路行业由于几乎每天都会迎来相同数量的顾客，所以其营业收入及利润也不会有太大的变动，业务的安全性相对较高。因此，就算借了大量资金，也不会因为无法偿还资金和利息而感到困扰。另外，如果是盈利能力强的铁路公司，还可以充分利用借贷的优点，通过借贷来节省税费。

换句话说，如果一家公司拥有相当数量的设备和土地等稳定性较强的资产，并且业务稳定且有获利，那就算有大额借款也不会有太大问题，因此，也就没有必要选择无负债经营。实际上，铁路公司为了持有设备和土地而大量融资的案例也不少，一般都不会有太大问题。

那做出热门产品的游戏公司的情况又是如何呢？一般来说，由于游戏公司发行的游戏有可能大卖，也有可能遇冷，所以会导致营业收入和利润发生较大的变动，整体业务也相对不太稳定。另外，游戏公司处于发展期时，即使通过融资来支付利息，节省了税费，但是很多时候仍然没有利润；即使有，也十分不稳定。

像这样不仅业务不够稳定，而且几乎没有获利或获利有波动的公司，最好还是减少融资，尽量选择无负债经营。事实上，游戏公司在开发游戏时不需要大量的设备，融资也偏少，这一倾向和其业务内容是相一致的。

综上可知，要不要无负债经营，通常是根据公司的主要业务来定。有些业务最好选择无负债经营，而有些业务最好不要无负债经营。

另外，要不要无负债经营也和公司规模、获利能力、业界排名有关。具体来说，即使是同一个行业，在规模和盈利能力等方面排名较高的公司往往更容易获利，并且因为其获利就能覆盖大部分的投资资金需求，所以很可能只会进行少量融资。反之，业界排名较低的企业，因为通常获利较少，利润部分无法完全覆盖投资资金需求，所以必须要利用一部分借款来填补。

从这点来看，我们可以认为，无负债或者借款少的企业，很可能是业界排名较高的优良企业。

常识 19　对融资的依赖程度与经营者的意识

▷ 公司有融资借贷，就会无形中给自身一种压力——必须要努力做好业务、赚取利润。同时，融资借贷对经营者来说也是一种压力。反之，无负债的话，经营者可能容易失去危机意识。

从股东的立场来看，融资还有一项好处。具体来说，公司有借款时，公司的经营者就会有一种必须偿还借款、不偿还就会破产的意识，同时也会为了偿还资金而努力发展公司各项业务。经营者也是人，身处严峻的环境下就会拼尽全力。

总而言之，股东也希望经营者能好好地发展公司业务，因此不太喜欢可能会让经营者失去危机意识的无负债经营。

一般认为，无负债经营会让经营者有“不管发生什么事情公司都是安稳的”“投资稍微失败一点儿也没关系”等意识，而这种意识容易使经营者做出轻率的判断。

当然，不乏经营者即使有这样的意识也能做出正确的决策。但是从股东的立场而言，为了让经营者好好地运营公司，有必要进行一定程度的借贷，让经营者有必须偿还借款的压力，融资的优点和缺点如图 2-7 所示。

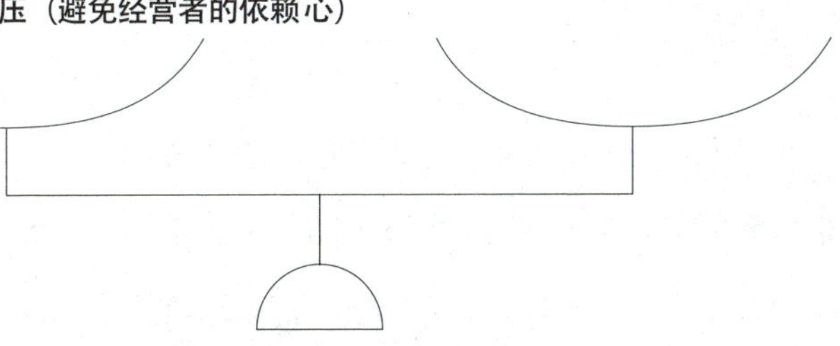

图 2-7 融资的优点和缺点

软银集团的财务报表分析

合并损益表

金额单位：百万日元

项目	金额	比率 /%
营业收入	8,901,004	100.0
营业成本	5,472,238	61.5
营业毛利	3,428,766	38.5
营业费用和一般管理费	2,277,251	25.6
研发费用	64,459	0.7
促销相关费用	954,998	10.7
其他营业损益	–125,516	–1.4
营业利润	1,025,999	11.5
财务费用	467,311	5.3
权益法投资收益	321,550	3.6
出售相关公司的股票权益	238,103	2.7
其他金融费用	413,234	4.6
其他	7,419	0.1
税前净利润	712,526	8.0
所得税费用	–207,105	2.3
终止经营净利润	554,799	6.2

续表

项目	金额	比率 /%
少数股权损益	−48,122	−0.5
本期净利润	1,426,308	16.0

上表是软银集团的合并损益表，由表可知，营业收入是 89,010 亿日元（NTT DOCOMO 是 45,846 亿日元）。由于软银集团除了日本的海外业务及电信业务以外还在经营着其他业务，所以软银集团的营业收入差不多是 NTT DOCOMO 的两倍，软银也成为日本电信行业中规模最大的公司。

另外，软银集团的营业毛利率是 38.5%（DOCOMO 是 43.5%），由于两家公司的基础业务都是电信服务，所以营业总利润率的比率略高。不过，软银集团略低于 DOCOMO 的原因是，相较于几乎以电信业务为中心的 DOCOMO，软银集团还有更多其他的业务，如移动设备等设备的物流销售、通过雅虎播放的网络广告和电子商务，以及 2016 年 9 月通过收购 ARM，将业务范围扩展到半导体设计等。另外，在美国拓展电信业务时，收购的斯普林特的低收益也影响了软银集团整体的营业收入。

软银集团的营业利润率是 11.5%（DOCOMO 是 20.6%），虽然确保了一定的获利，但是比 DOCOMO 低。正如刚刚所说，这是因为美国斯普林特业务的收益性过低，另外，物流销售这部分业务也出现了赤字，这些都对最终结果造成了影响。

接下来我们来看看这两家公司的营业费用和一般管理费。研发费用是营业收入的 0.7%（DOCOMO 是 1.8%），这个比率非常低。而且，几乎所有的研发费用都用来收购 ARM 的技术。去除这个特殊因素，我们以还没收购 ARM 技术的 2016 年 3 月为基准来计算，可知研发费用与营业收入的比率是 0.07%，这个数值也是 DOCOMO 的十分之一，真的非常低。反之，在促销相关费用上则花费了营业收入的 10.7%。

所以，软银集团是一个将重心放在销售市场的企业，而 DOCOMO 则更重视开发和技术研究。

另外，软银集团的营业费用和一般管理费占营业收入的 25.6%，而 DOCOMO 是 22.9%，软银集团高出了 2.7 个百分点。从这点可以看出，软银集团的研发费用少，而营业费用和一般管理费却非常高，虽然有业务结构上的差异，但这也可以看出，其部分业务的收益性真的不高，而且在促销上花费过多。

除此之外，软银集团在接下来几个科目上所花费的金额也相当高。首先，财务费用就占了营业收入的 5.3%。这是银行借款和公司债券的利息。软银集团为了收购其他公司产生了巨额银行借款和公司债券。

接着是持有的相关公司的股票利润，其所获得的股票收益几乎都来自中国的阿里巴巴。接下来是出售相关公司的股票权益，软银卖掉了部分阿里巴巴的股票，并以此获利。这两项利润可以看出孙正义社长在互联网上的投资成果非常显著。

另外，其他金融费用则包含了有关股票投资衍生出的金融费用。

税前净利润是 7,125 亿日元。但本期因为阿里巴巴持股比例变更造成的影响，导致所得税费用是负数（2,071 亿日元）。

另外，软银集团将旗下子公司（芬兰移动游戏开发公司 Supercell）于2016年7月出售给中国的腾讯，因此软银集团将4个月的损益以“终止经营业务部门”的类别认列在终止经营业务部门的损益会计科目中。由于包含出售的 Supercell 的股份，所以其金额高达约 5,500 亿日元。其结果是让本期净利润中的营业净利润增加了约 4,000 亿日元，合计金额达到 14,263 亿日元，营业收入比率也达到了 16%（DOCOMO 是 14.2%），超过了 DOCOMO。

另外，DOCOMO 在营业利润以下的科目的金额较小，扣除约 30% 的税金，几乎就是本期净利润的金额。

如上所述，软银集团的特征是，营业利润以下的科目收益大小对集团整体盈利状况影响很大，这些科目都与融资、公司债务的大小、股票投资的成果以及其相关成本有关，如果这些相关因素发展得比较顺利，那就能获得相当可观的利润。不过，这也意味着企业要承担相当大的风险。

合并资产负债表

金额单位：百万日元

项目	金额	比率/%	项目	金额	比率/%
流动资产	5,723,975	23.2	流动负债	5,226,923	21.2
金融资产	2,977,791	12.1	应付账款	1,460,839	5.9

续表

项目	金额	比率/%	项目	金额	比率/%
应收账款	2,121,619	8.6	银行借款和公司债券	2,694,093	10.9
存货资产	341,344	1.4	非流动负债	14,937,559	60.6
非流动资产	18,910,237	76.8	银行借款和公司债券	12,164,277	49.4
有形固定资产	3,977,254	16.1	负债合计	20,164,482	81.9
无形固定资产	11,122,103	45.1	资本	4,469,730	18.1
投资及其他资产	3,810,880	15.5	留存收益	2,958,355	12.0
资产合计	24,634,212	100.0	负债与资本合计	24,634,212	100.0

接下来看软银集团的合并资产负债表，流动资产中的金融资产占资产整体的 12.1%（DOCOMO 是 7.9%），而银行借款和公司债券则占了整体的 60.3%（DOCOMO 是 3%），实际上这是在用大量融资来举债经营。而且，资本（净资产）的比率是 18.1%（DOCOMO 是 74.6%），相较于一般公司 30%~40% 的平均水平来说，这个比率偏低，因此在财务方面的安全性较低。但是，如前文所述，只要软银集团旗下的电信公司能够上市，那财务方面的安全性就会有一定程度的保证。

另外，DOCOMO 的金融资产的比率超过银行借款和公司债券的比率，说明 DOCOMO 目前正处于无负债的状态。而且，其净资产的比率也非常高，从资产负债表来看，DOCOMO 在财务方面的安全性也非常高。

另外，如前文所说，软银集团的资产中有相当多的金融资产，但由于其应收账款只有 8.6%，存货资产只有 1.4%，金额太小，所以流动资产仅为 23.2%（DOCOMO 是 38.1%）。此外，有形固定资产仅为 16.1%（DOCOMO 是 34.1%）。

不过，无形固定资产有 45.1%（DOCOMO 是 11.3%），这说明软银集团确实以巨额资金收购了斯普林特和 ARM。另外，软银集团的流动资产和有形固定资产比率较小，可以认为是由于该无形固定资产比率较大，而导致前二者比率相对变小的结果。

另外，DOCOMO 的资产构成是：流动资产与有形固定资产各占整体的三分之一，这与普通公司的模式大致相同。此外，无形固定资产主要来自 2002 年对一家以软件为中心的地区性公司的完全子公司化，因为金额不大，所以也看不出有积极收购的迹象。

营运资本的周转期

项目	天数
应收账款的周转期	87
存货资产的周转期	23
应付账款的周转期	97

应收账款、存货资产及应付账款的周转期分别是 87 天、23 天、97 天，从整体来看时间较长。其中存货资产的周转期较短，原因是公司虽然有出售移动设备及其周边机器等商品的业务，但中心业务还是无须存货的电信服务。

另外，DOCOMO 的周转期分别是 151 天、22 天、120 天，除了存货资产的周转期以外，其他都比软银集团长。

这可能是因为软银集团在日本的海外市场也发展了业务，同时也经营着电信服务以外的业务。与此相比，DOCOMO 是以日本电信服务业务为中心，两家公司的业务内容不同，所以结果也不一样。此外，两家公司的应收账款周转期都比较长，原因应该是移动设备等销售金额的回收周期一般比较长，所以拉长了周转期。

合并现金流量表

金额单位：百万日元

项目	金额	比率 /%
经营活动的现金流量	1,500,728	100
投资活动的现金流量	–4,213,597	–281
取得的有形固定资产和无形固定资产	–923,502	
取得的子公司股份	–3,254,104	
融资活动的现金流量	2,380,746	159
短期借款增减	2,869,679	
支付股息	–88,872	
买回库存股	–350,857	
合计	–332,123	

接下来看看软银集团的合并现金流量表。表中显示，虽然经营活动的现金流有 15,007 亿日元，但是由于收购了 ARM 公司，所以增加了设备投资，最终在投资活动上大概花费了 42,136 亿日元。在融资活动上，虽然进行了分红和回购本公司的股票，但是为了筹措资金而增加了约 29,000 亿日元的借款，合计是 23,807 亿日元。从整体来看，因并购的投资金额非常大，所以经营活动的现金流量是正数，投资活

动的现金流量是负数，融资活动的现金流量是正数，而这正是典型的处于成长、扩大阶段的企业模式。

另外，导入 IFRS（国际财务报告准则）以后，营业收入四年间的平均增长率（CAGR）高达 29.1%。如上所述，这是在这段时间内，软银集团花费巨额资金将美国斯普林特（2013 年 7 月）、英国 ARM（2016 年 9 月）子公司化的结果。另外，DOCOMO 同期四年期间的 CAGR 是 0.6%，几乎没有增长。所以，在公司发展方面，积极进行投资的软银集团拥有绝对优势。

分部报表

金额单位：百万日元

项目	营业收入	分部利润	分部利润率
日本电信业务	3,193,791	719,572	22.5%
斯普林特业务	3,623,375	186,423	5.1%
雅虎业务	853,458	189,819	22.2%
流通业务	1,295,374	–10,047	–0.8%
ARM 业务	112,902	12,919	11.4%
其他	128,308	–16,573	–12.9%
调整额	–306,204	–56,114	18.3%
合计	8,901,004	1,025,999	11.5%

项目	营业收入	比率 /%	非流动资产	比率 /%
日本	4,359,888	49.0	4,072,675	26.6
美国	3,962,325	44.5	7,772,859	50.9
英国	—	—	3,373,592	22.1
其他	578,791	6.5	63,051	0.4
合计	8,901,004	100.0	15,282,177	100.0

另外，从分部报表来看，日本电信业务和美国斯普林特业务分别

占了约 35% 及 40%，以这两个业务为主。此外，从利润方面来看，日本电信业务产出了约 70% 的利润，剩下的 30% 分别来自斯普林特和雅虎。由此可见，主要的利润还是来自日本的电信业务。

此处，日本的海外市场的营业收入比率高达 51%，这跟斯普林特业务与 ARM 业务有关，表示公司的国际化进程在一定程度上发展得很好。

同时，尽管 DOCOMO 拥有动画和音乐的智能生活业务，但其核心业务还是电信业务，占营业收入的 80.9%，占分部营业收入的 88.2%，这说明 DOCOMO 还是十分依赖日本的电信业务。另外，DOCOMO 没有公开日本之外的地区营业收入的信息，说明还是以日本为中心，发展在日本的业务。

参考文献

・黒沢義孝（1999）『PHP 新書「格付け」の経済学』PHP 研究所.

黑泽义孝（1999）《PHP 新书—经济学的“评级”》PHP 研究所。

・西山茂（2006）『企業分析シナリオ第 2 版』東洋経済新報社.

西山茂（2006）《企业分析方案 第 2 版》东洋经济新报社。

・西山茂（2008）『入門ビジネスファイナンス』東洋経済新報社.

西山茂（2008）《商业财务入门》东洋经济新报社。

・日本格付投資情報センター（1998）『日経文庫　格付けの知識』日本経済新聞社.

日本评等投资情报中心（1998）《日经文库评级的知识》日本经济新闻社。

・日本格付投資情報センターホームページ

日本评等投资情报中心官方网站。

・日本格付研究所ホームページ

日本评等研究所官方网站。

・有価証券報告書（ソフトバンクグループ（株）、（株）NTT

ドコモ）

有价证券报告书 [软银集团（株）、（株）NTT DOCOMO]。

・ソフトバンクグループ（株）

软银集团（株）。

・（株）NTT **ドコモ**

（株）NTTDOCOMO。

第3章 风险的抑制

如何应对业务的风险

我们经常听到“不要冒险”“尽量降低风险”等言论。

的确，只要不冒险或者降低风险，就不会出现危机，似乎也能顺利、平稳地开展业务。而且，那些看起来风险较低，从事与社会基础建设和日常生活密切相关的业务的企业通常被认为是稳定的优良企业。

看到这里，你也许会觉得不要冒险或者风险越低越好，但这是真的吗？另外，企业又该如何对应风险呢？

从任天堂看回避风险的体制

自从 Pokémon GO 火爆之后，任天堂成了一个热门话题。不过，在 DS 和 Wii 火爆之后，任天堂一度业绩不振，到 2014 年 3 月为止，连续三期营业利润出现赤字，直到最近因 Switch 的畅销，业绩才急速回升。

但是，从过去任天堂的业绩来看，结合任天堂硬件、软件的发售时间点和竞争对手的动向可知，其营业收入和利润都在不断地增加和减少。从这点来看，任天堂是开展有风险的业务的代表企业之一。

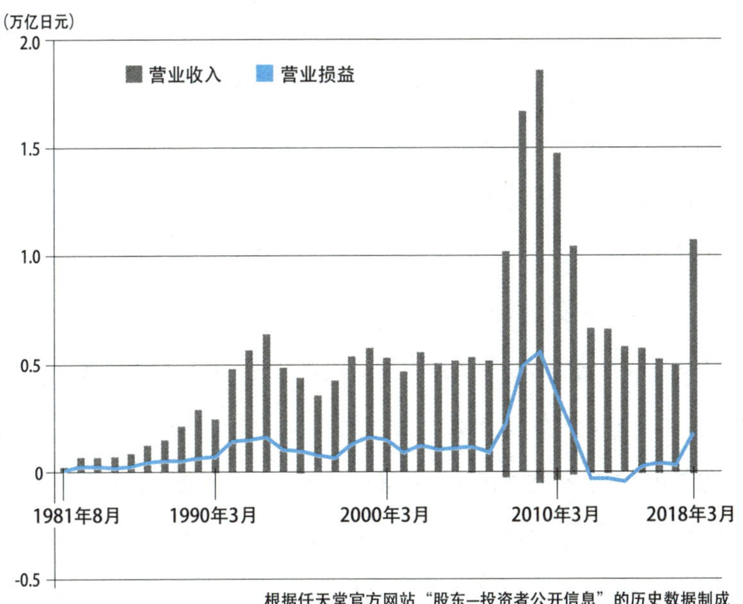

根据任天堂官方网站“股东—投资者公开信息”的历史数据制成

但是，任天堂是因一边顶着风险开发和发售新软件及硬件，一边采取多项降低风险的措施，才能继续开展业务。我们来看看任天堂降低风险的机制吧。

第一项是任天堂通过灵活使用游戏中的角色来延续游戏的热度。例如，活用超级马里奥和宝可梦中的人气角色，让这些角色出现在之后开发和发售的游戏中，这样能提高游戏火爆的概率，抑制营业收入的异常波动，确保公司能够获得长期的盈利。

第二项和游戏硬件有关。任天堂使用成熟的技术来削减成本、保证质量稳定。任天堂原本就不是电子零件的制造厂商，而是一个擅长开发游戏和研发玩具的企业，其开发游戏机的技术基本上是依赖外包的企业。因此，如果在游戏机的制造上使用先进技术，任天堂很难掌控局面，而且制造成本也会上升，发生故障的概率也会变高，必然会造成用户对游戏机的好评减少的结果。除此之外，为了妥善处理这些问题，可能还要花费更多的时间与成本。为了避免这类问题的发生，任天堂采用 20 世纪十分成熟的技术来设计硬件，这样不仅能够降低成本，还能避免发生故障。

第三项是通过外包来完成基本的硬件制造，并且不建造自己的工厂。这样不仅能降低投资金额，还能压缩固定费用，而且从结果来看，将固定费用转为外包费用这一举措可以建立一个即使营业收入下降也不会使利润降低的低风险机制。

第四项是强大的财务保障。任天堂不融资，同时持有充足的资金。任天堂长期以来维持无负债经营，持有约 1 万亿日元的巨额资金。这意味着即使将来业绩恶化，其也能支持未来的投资，并且支撑高风险的游戏业务。

至于为什么采取这种财务方针，任天堂的社长山内溥解释说："娱乐业务需要宽裕的资金。"这是因为娱乐业务的消费者喜好难以掌握，一个商品容易火爆，也容易遇冷，风险非常高，所以要有充裕的资金来支撑公司的发展。所以采用这个方针非常有道理。

从上可知，任天堂承担了应有的风险，同时采取各种方法来规避、降低风险，并且建立了应对风险的机制。从这个意义上来说，那些业务风险较大的公司可以把任天堂的这种机制看作一种风险管理的模式。

常识 20　风险是“波动”和“未知”

▷ 所谓风险，意味着变动、波动及未知，在日语中大多解释成“不确定性”。

风险意味着“不确定性”“未知”“变动”“波动”。换句话说，产生变动、有波动、未知等说法意味着有风险。

但是，这与大多数人对风险这个词的认知似乎有些不同。在很多人看来，风险通常和诸如“失败”“损失”“事故”之类的词联系在一起，因此普遍认为风险是不好的，有风险说明会发生不好的事情。通过以上解释可知，“风险”这个词原本的意思和一般认知的意思之间存在着些许差别。风险的含义如图 3–1 所示。

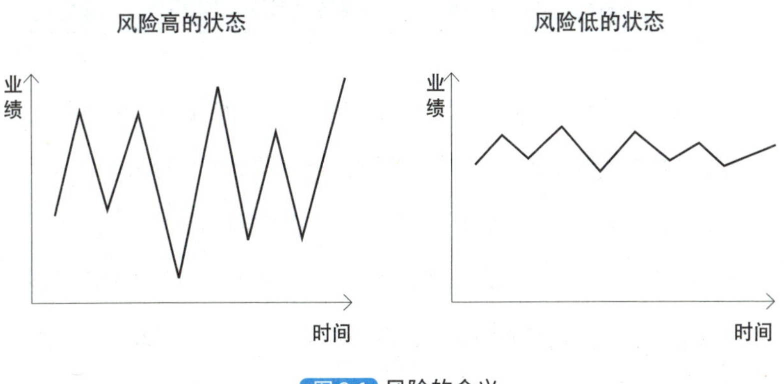

图 3-1 风险的含义

我用一个简单的例子来解释一下。假设明年会有 1 亿日元的损失，那这意味着风险会发生吗？从结论来说，风险并不会发生。为什么这么说呢？因为已经知道明年会发生这一事实，而且确切地知道损失的金额。

不过，如果你知道明年会盈利，但是不知道是盈利 5 亿日元还是 1 亿日元，这是不是有风险呢？是的，从结论来看，这属于风险。为什么这么说呢？ 因为就算你知道明年肯定会盈利，但是不知道其金额是 5 亿日元还是 1 亿日元，金额会变化，不够明确。

所以，风险和好坏没有关系，风险是不确定情况、不知道未来会变得如何、可能会发生变动。

常识 21　承担那些“本该承担的风险”

▷　风险分两种，一种是应该规避的风险，另一种是根据情况理应承担的风险。作为公司，需要好好管理这两种风险。

如果风险和不堪设想的后果相挂钩，那就不要冒险，或降低风险。然而，如果风险和机会相挂钩，规避风险就不是一个特别好的选项，而是要在考虑到风险的基础上，努力创造出与风险相对应的收益。

在这个意义上，要好好区分应该回避（对冲）的风险和需要承担的风险，规避应该回避的风险，在缜密探讨后承担需要承担的风险。也就是说，要适当地控制（管理）风险，这一点对企业来说非常重要。

在商场上，会发生很多意料之外的情况。这类风险有可能事关企业的存续，并会造成莫大的损失，理应要回避。

但是，在谨慎探讨并利用保险抑制一部分的风险，以及准备好预备方案后，可以承担那种理应承担的风险。如果不想承担这种风险，那意味着很难在商业社会获利。承担必要的风险，并且学会管理风险、保证获利，是企业需要掌握的技能。

另外，过度抑制风险的话，回报也会被压低。高风险—高回报，低风险—低回报，说的就是只有承担相应的风险，才能收获相应的利润。补充一句，高风险—高回报的另一个意思是，不确定性越高的业务，越能产生更高的利益。

这意味着如果过度控制风险，就无法适应环境和市场的变化，失去吸引顾客的魅力，无法与竞争对手产生任何差异，结果有可能只能获得小额回报。所以，如果在探讨后发现理应承担风险，那要意识到“承担风险的程度不同，回报也会不同”这一点。

常识 22　固定费用比重过高会导致更大的利润波动

▷ 风险也会表现在营业收入和营业利润的波动上。在成本结构中，固定费用的比重越高，利润越容易产生波动，从而加大风险。另外，从金融的角度来看，股东眼中的风险是股价波动的幅度。

公司的风险会表现在什么方面呢？ 考虑到公司业绩的话，营业收入和营业净利润的波动幅度是公司风险的一部分。

首先是营业收入的波动幅度，如公司的业绩会不会受到经济大环境的影响。具体来说，那些客户会定期购买一定数量产品的行业（如食品行业），即使在经济大环境不景气的情况下，营业收入的波动也不会太大，因此风险通常比较低。然而，如果是品牌珠宝这种大环境一差就影响销量的产品，那风险通常会增加。

营业净利润的波动幅度一方面会受营业收入变化幅度的影响，另一方面也与成本结构有关系。举例来说，在根据是否与营业收入有关系而将成本分为变动费用和固定费用，固定费用比重较高的公司，利润更容易产生波动。

这是因为在固定费用比重较高的情况下，营业收入增加则利润将大大增加，因为即使营业收入增加，成本也不会增加太多。反之，当营业收入下降时，由于成本不会下降太多，所以利润会大幅减少。也就是说，当营业收入发生重大变化时，营业净利润将会大幅度波动。

另外，变动费用比重较高的情况则正好相反。换句话说，即使营业收入大幅增加，但由于变动费用的比重高，成本也会大幅增加，所以利润不会增加太多。如果营业收入大幅下降，变动费用的比重高，成本就会大幅减少，因此，利润不会减少太多。

综上所述，如果成本中的固定费用的比重偏高，那利润容易产生波动；变动费用的比重偏高，利润则不容易产生波动。从这个意义上来看，以固定费用为中心的成本结构风险高，以变动费用为中心的成本结构风险低，成本结构与利润波动如图 3–2 所示。

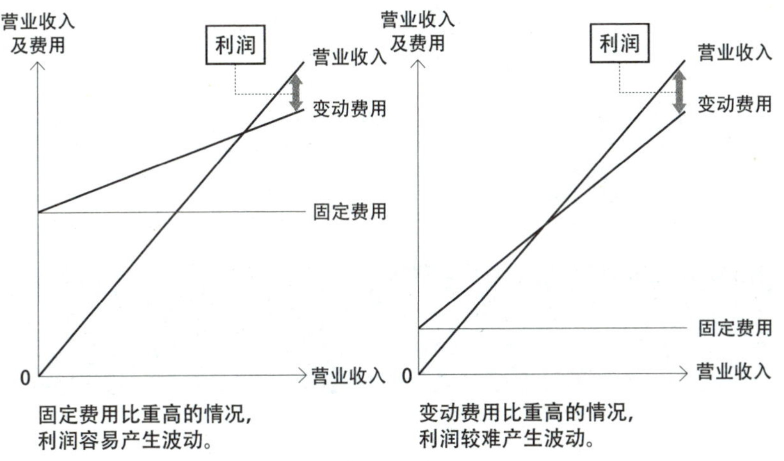

图 3-2 成本结构与利润波动

另外，在财务理论中，认为股东眼中的风险是以股票价格变动来表示的，因为股东日常关注的就是股票价格。专业投资者在出售和购买股票时，会收集有关每家公司的各种信息。因此，如果专业投资者对特定公司进行评估后认为公司存在业绩风险，那这家公司的股票的出售和购买频次会变得非常高，股价也会产生波动。不过，如果评估后认定没有太大风险，则认为股价不会产生太大波动。

也就是说，股东会及时收集和掌握公司的情况，然后进行投资。特定公司的整体风险会完整地展现在股价的波动中。基于此，出现了一种被广泛使用的理论，即可以通过股价波动的幅度来估计公司的风险。

具体而言，如第 2 章中的 WACC（常识 16）所述，表示每家公司股价波动幅度的 β 值是股东衡量公司投资风险的数值。在此基础上，每家公司的股东会计算出预期的获利程度，即计算出资本成本。

常识 23　不同领域的风险差异与获利的基准值

▷ 业务领域不同，风险也会有所不同。因此，每家公司及同一公司中每个业务部门的获利基准值也可能会有所不同。

如前所述，高风险－高回报这一概念的含义是，不确定性比较高的业务有可能会带来更高的利润，或者必须创造出更高的利润。另外，低风险－低回报意味着不确定性较低的业务只能获得普普通通的利润，或者只要创造出差不多的利润就可以。

也就是说，业务领域不同，业绩等各个方面的不确定性也有所不同，因此不同业务领域的获利基准也会出现差异。

例如，对于风险普遍较低的食品行业的公司来说，可以接受较低的利润；但对于通常被认为具有高风险的半导体相关业务的公司而言，为了应对风险，需要更高的利润。

此外，如果公司在不同的领域都有业务，由于每个行业风险不同，所以对各个领域的最低利润要求（Hurdle rates，最低资本回报率，参照常识 16）也不同。

举个例子，某家制药厂主要生产提供给医院的正规药品，以及各种健康食品和营养饮品等与食品行业相关的产品。在这种情况下，假设其在医药品方面的业绩因新药开发的成功与否、专利期限是否到期等情况而有所变化，但其在食品方面的需求保持稳定，那整体来看，业绩相对比较稳定。

医药品行业的风险较高，食品行业的风险较低。因此，要根据风险来调整两项业务的最低资本回报率。具体来说，最好是医药品业务的最低资本回报率高于食品业务的最低资本回报率。综上所述，要根据公司或公司内部各项业务的风险差异来设置基准值，各项业务、各地最低资本回报率的设定案例如图 3–3 所示。

业务领域不同，风险也有可能不同
区域不同，风险也有可能不同

所在地		业务领域		
		A业务	B业务	C业务
	日本	5%	7%	9%
	北美	8%	10%	12%
	亚洲（日本除外）	10%	13%	15%

图 3-3 各项业务、各地最低资本回报率的设定案例

任天堂的财务报表分析

合并损益表

金额单位：百万日元

项目	金额	比率 /%
营业收入	489,095	100.0
营业成本	290,197	59.3
营业毛利	198,898	40.7
营业费用和一般管理费	169,535	34.7
研发费用	59,171	12.1
广告宣传费用	48,726	10.0
人事费用	21,253	4.3
折售费用	5,325	1.1
营业利润	29,363	6.0
营业外收入	28,593	5.8
营业外费用	7,591	1.6
税前利润	50,365	10.3
其他收入	64,775	13.2
其他损失	409	0.1
税金调整前本期净利润	114,731	23.5
所得税费用	12,155	2.5
本期净利润	102,576	21.0

从任天堂的合并损益表来看，营业收入约为 4,891 亿日元。其是日本规模最大的游戏公司（截至 2017 年 3 月 31 日，游戏相关业务约占营业收入 60% 的 BANDAI NAMCO 控股公司的年度营业收入是 6,201 亿日元）。营业毛利率为 40.7%（BANDAI NAMCO 为 36.1%），比起普通业务略高一些，但其实有的畅销游戏软件的营业毛利率可以高达 90%（2012 年 6 月，GREE 的营业毛利率是 91.7%），不过由于任天堂同时制造硬件，所以营业毛利率略低。

此外，虽然任天堂营业利润率为 6.0%（BANDAI NAMCO 为 10.2%），已经从赤字时期逐渐恢复，但仍然低于 BANDAI NAMCO。2009 年 3 月，任天堂在 DS 和 Wii 火爆时的最高营业收入达到 18,386 亿日元，营业利润率有 30.2%，与那个时期相比，任天堂还有很大的进步空间。

然而，2018 年 3 月，在本书进入编辑阶段时，任天堂公布了 2018 年 3 月的结算报告。报告显示，由于 Switch 与其相关软件大卖，营业利润率迅速上升至 16.8%，意味着任天堂正式进入业绩的全面恢复期，同时也意味着游戏行业的波动幅度很大。

此外，从营业费用和一般管理费的具体内容来看，首先，研发费用占营业收入的 12.1%（BANDAI NAMCO 是 2.9%），与同行业的公司相比，任天堂在研发上投入了大量资金，积极开发下一代产品的硬件和软件。此外，由于游戏业务属于娱乐领域，所以任天堂在广告宣传上也花费了大量资金，高达营业收入的 10%（BANDAI NAMCO 是 6.3%）。

另外，营业费用和一般管理费中的人事费用比率是 4.3%（BANDAI NAMCO 是 7.5%），折售费用比率是 1.1%，与同行业其他公司相比，在这方面的花费较少，比较保守。

此外，税前利润比营业利润高的原因是，集团公司持有 32% 股份的宝可梦的利润，并且把这部分利润（约 203 亿日元）作为权益法投资收益（集团公司本期净利润 × 持股比率）认列在营业外收入中。

之所以盈利这么多，是因为 Pokémon GO 在全球引发了热潮。

再者，本期净利润率高的原因是，任天堂出售了其拥有的美国主要联盟集团——西雅图水手队的一部分股权，所以在非经常性经营收入中包含了出售有价证券的 645 亿日元。因此，本期净利润率变高，达到了 21%。

合并资产负债表 金额单位：百万日元

项目	金额	比率/%	项目	金额	比率/%
流动资产	1,140,742	77.7	流动负债	184,109	12.5
金融资产	946,070	64.4	应付账款	104,181	7.1
应收账款	106,054	7.2	银行借款和公司债券	0	0.0
存货资产	39,129	2.7	非流动负债	33,895	2.3
非流动资产	328,234	22.3	银行借款和公司债券	0	0.0
有形固定资产	86,558	5.9	负债合计	218,004	14.8
无形固定资产	12,825	0.9	净资产	1,250,972	85.2
投资及其他资产	228,851	15.6	留存收益	1,489,518	101.4
资产合计	1,468,977	100.0	负债与净资产合计	1,468,976	100.0

从合并资产负债表来看，流动资产中的金融资产约为 9,500 亿日元，占整体资产的 64.4%（BANDAI NAMCO 为 42.1%），并且没有银行借款和公司债券（BANDAI NAMCO 也无债务），所以任天堂是无债务经营。

此外，净资产比率为 85.2%（BANDAI NAMCO 是 71.5%），而一般公司只有 30%~40%，所以任天堂的净资产所占比率远远高于一般公司，在财务稳定性方面表现得非常突出。BANDAI NAMCO 也是如此。

批发商或零售店销售为应收账款贡献了一定的金额。此外，虽然相当一部分生产活动是外包的，但也拥有一定程度的存货资产，而且流动资产比重相当大，为 77.7%（BANDAI NAMCO 为 73.3%）。

另外，有形固定资产比率仅为 5.9%（BANDAI NAMCO 为 10.7%），规模非常小。有些方面的金融资产数值很大，但有些方面的金融资产数值很小。而且，由于生产方面大部分活动都外包，所以设备非常少。无形固定资产比率低至 0.9%（BANDAI NAMCO 是 2%），几乎没有进行公司收购。

此外，虽然投资及其他资产比率为 15.6%（BANDAI NAMCO 为 14%），但主要是投资证券，即持有一年或一年以上的有价证券。其中包括留存收益的公司债券及国债，同时再加上上述的金融资产，合计持有超过 1 万亿日元的资金。

因为 BANDAI NAMCO 也将产品制造外包出去，所以 BANDAI NAMCO 与任天堂的资产结构几乎相同，有形固定资产很少。

此外，任天堂包含净资产的留存收益金额大于净资产金额，原因是过去积累了可观的收益，并且购买了自家股票（买回库存股），持有约 2,500 亿日元。

营运资本的周转期

项目	天数
应收账款的周转期	79
存货资产的周转期	49
应付账款的周转期	131

从营运资本来看，应收账款金额比率为 7.2%，存货资产比率为 2.7%，应付账款比率为 7.1%，存货资产比率相对较小。另外，从周转期来看，分别是 79 天、49 天和 131 天。但以 CCC（现金转换循环，参照常识 59）的角度来看，应收账款周转期和存货资产周转期的总和几乎与应付账款周转期一致，在业务运营中几乎没有资金负担。

BANDAI NAMCO 的周转期分别是 44 天、43 天和 59 天。与此相比，尽管任天堂的收款时间略长，但付款时间非常晚，在资金上有充裕的调度时间。

合并现金流量表

金额单位：百万日元

项目	金额	比率 /%
经营活动的现金流量	19,101	100
投资活动的现金流量	69,518	364
取得有形、无形固定资产的支出	–10,458	
取得子公司股份	0	
融资活动的现金流量	–14,422	–76
支付股息	–14,384	
买回库存股	–38	
合计	74,197	

从合并现金流量表来看，截至 2017 年 3 月，经营活动产生的现金流量是 191 亿日元，投资活动的现金流量为 695 亿日元。然而，投资活动的收益部分主要来自出售有价证券和投资证券，其中主要是出售部分西雅图水手队的权益获得的收益。

另外，与业务相关的实质性投资的有形和无形固定资产支出为

105 亿日元，约占经营活动现金流的 50%。

在融资活动中，以股息为主，共花费了 144 亿日元。

通过仔细查看投资活动中的明细项可知，排除出售股票这种特殊原因，任天堂的公司状态非常稳定。然而，虽然任天堂处于业绩恢复的阶段，但是投资活动过少，我们可以认为这是之前所说的通过外包的方式来达到“不持有经营”的表现。

分部报表　　金额单位：百万日元

所在地	营业收入	比率 /%	有形固定资产	比率 /%
日本	130,014	26.6	64,195	74.2
美国	174,093	35.6	21,576	24.9
美洲大陆（除了北美）	29,861	6.1	?	?
欧洲	129,455	26.5	?	?
其他	25,671	5.2	787	0.9
合计	489,094	100.0	86,558	100.0

截至 2017 年 3 月，营业收入五年来的复合年均增长率（CAGR）为 –5.5%，而同期 BANDAI NAMCO 的复合年均增长率为 6.4%。因此，相较而言，任天堂的复合年均增长率并不算好。

这是无法避免的，因为任天堂几乎所有的项目都和游戏行业有关，而游戏行业的收益波动幅度比较大。

然而，截至 2018 年 3 月，由于 Switch 的销售强劲，营业收入增长了 115.8%，比上一年增长了两倍以上。在计算六年内的 CAGR 时发现，已经达到了 8.5% 增长率。

至于分部的情况，虽然只公布了各地的营业收入与有形固定资产的信息，但从中可知，日本的营业收入比率约为 26.6%，日本的海外市场以美国和欧洲为主，约占 62.1%。与 BANDAI NAMCO 在日本的海外市场销售比率 26.7% 相比，任天堂在全球的发展十分迅速。不过，根据各地的有形固定资产比率来看，目前生产设备的据点主要在日本。

我们来比较一下任天堂与 BANDAI NAMCO 的 ROE。

ROE= 净利率 × 总资产周转率 × 财务杠杆

任天堂（2017 年 3 月）

8.1%=21%×33%× 117%

BANDAI NAMCO（2017 年 3 月）

12.6%=7.1%×127%×140%

对比之后可发现，任天堂的 ROE 仅仅是日本企业的平均水平，而 BANDAI NAMCO 的 ROE 则略高一些。

然而，从净利率来看，任天堂达到了 21%，而 BANDAI NAMC0 仅有 7.1%，也就是说，任天堂的净利率约是 BANDAI NAMCO 的 3 倍。

其实任天堂的营业净利润率只有 6%，低于 BANDAI NAMCO 的 10.2%，但由于上面提到的 Pokémon 的权益法投资收益，以及出售部分西雅图水手队股份所获得的收益，任天堂的净利率远远超过 BANDAI NAMCO。然而，由于出售集团权益带来的收益是一时的，因此任天堂的商业实力应该比数据上稍差一些。

总资产周转率方面，任天堂是 33%，远低于 BANDAI NAMCO

的 127%。然而，任天堂的金融资产比率达到了 64.4%，占据了大部分资产，而且预计投资有价证券中也包括部分金融资产，所以实际上任天堂 70% 的资产都是金融资产。

排除这项金融资产，计算以实际业务为主的资产的总资产周转率可知，总资产周转率在 100% 左右，也可以说这才是企业的真正实力。另外，虽然 BANDAI NAMCO 的金融资产占据资产的 40% 左右，但由于外包压缩了有形固定资产，所以得以达到 127% 的总资产周转率。

另外，在财务杠杆方面，两家公司都是没有公司债务和融资的无负债经营，所以两家公司的财务杠杆分别是 117%、140%，数值非常低。

参考文献

・西山茂（2009）「巻頭エッセイ　任天堂にみる“三層リスクヘッジ経営”」『経』第 91 号，ダイヤモンド社

西山茂（2009）“前言文章，从任天堂来看‘三层风险的回避式经营’”《经》第 91 号，钻石社。

・西山茂（2008）『入門ビジネス　ファイナンス』東洋経済新報社.

西山茂（2008）《商业・财务入门》东洋经济新报社。

・有価証券報告書（任天堂（株）、（株）バンダイナムコホールディングス）

有价证券报告书 [任天堂(株)、(株)BANDAI NAMCO 控股公司]。

・任天堂（株）ホームページ

任天堂（株）官方网站。

・（株）バンダイナムコホールディングスホームページ

（株）BANDAI NAMCO 控股公司官方网站。

第4章

持续性成长

实现真正成长的必要因素是什么

我们经常听到“以持续成长为目标”和“明确成长策略”等重视成长之类的评论。举例来说，丰田汽车公司在2017年3月的有价证券报告中提出了公司的待解决课题，“丰田将实现持续性的成长，实现丰田全球化愿景”“将努力地实现持续性的成长，提高企业价值”。

一般来说，企业成长的基础被认为是营业收入的增长，因为营业收入的增长说明消费者对公司的评价不错，能让组织架构更加有活力，也能雇佣更多员工等。

从这几点来看，成长是每个企业都应该重视的事情。但是，到底什么是真正的成长呢？又该如何实现这种成长呢？

YAOKO 保持稳定成长的经营秘诀

在日本的上市公司中，有几家公司的营业额在长达25年的时间里都保持持续增长。其中一家就是YAOKO，它是一家以埼玉县为中心、开设在首都圈的连锁超市。截至2017年3月，这家公司已经连续28年保持营业额的增长。那它能长期保持可持续性成长的关键是什么？

YAOKO 成立于1890年，当时是一家果蔬店，之后不断发展，成为连锁超市。现任会长川野幸夫先生的观念是要满足顾客的需求，为顾客的饮食生活提供建议，并最大限度地给各家店铺放权。由此，YAOKO 一直保持着持续性的成长。

其中所谓的为顾客的饮食生活提供建议，是指在出售食品的同时也给顾客提供做饭方面的建议。举个例子，在 YAOKO 的店里，有个区域叫作“做饭支援区”，员工每天会使用店里的食材来做演示，做出色香味俱全的饭菜，然后请顾客试吃。

如果顾客喜欢这道菜，就可以拿走写有菜谱的食材清单，在店里采购做这道菜所需的配料和调味料。除此之外，YAOKO 也会将食材的烹饪方式等说明张贴在店内，为顾客的饮食生活提供建议。

同时，店里也出售种类丰富的熟食菜肴和面包，有寿司、天妇罗、炸猪排盖饭、大阪烧、沙拉、油炸食品、面包等。这些食品中的大部分都是由员工在店内的厨房里现做出来的，所以口感也非常好。

YAOKO 有项制度叫作“技术认定”，简单来说就是考察和提高员工的烹饪水平，保证菜肴的口感和卖相。

根据这项制度，YAOKO 会对负责在厨房烹饪的员工进行相当严格的技术认定，同时每个员工也会按照等级获得相应的技能津贴。而且，YAOKO 会把员工已经获得的技能（会做天妇罗、寿司等）直接写在其胸牌上，以此来提高员工的主观能动性。

另外，在店内现场做菜还可以保持熟食的新鲜度，并根据销售状况来调整所需食材的数量。

YAOKO 还有一个特点是其会把经营权限下放到每家个体店铺。具体来说，进货、熟食的种类及数量等都是交给店长或相关工作人员来负责。

当然，总部也会把备好的食材和商品分配给各家店铺，通知每天的销售重点。但每家店铺会依照当天的天气、当地的活动、需求来改变商品的构成，综合来看是可以灵活安排的。也就是说，总部基本上只是各家店铺的辅助。

此外，许多兼职员工都住在店铺的周围，她们被称为合作伙伴。公司通过授予权限和支付奖金来增加她们的工作动力。这些合作伙伴会以该地区主妇的眼光来选择商品、进货、陈列商品，同时还有可能根据实际情况来参与商品定价。

这些做法能够反映每家店铺的不同需求，而且能减少熟食的浪费，在一定程度上提高营业收入。

此外，店内还设置了一个叫作“厨房咖啡”的休息区，让顾客可以在店内享用采购的东西，而且还可以通过这种方式了解顾客的消费习惯，获取顾客的更多信息，从而提高顾客满意度。

综上所述，YAOKO 之所以能够长期保持稳定性的增长，离不开让各家店铺自主经营的策略、现场烹饪的服务、满足顾客的需求、合作伙伴（兼职员工）的工作动力、各项激励制度等。

同时，YAOKO 在 2017 年 3 月的有价证券报告管理策略中提到，目前已经连续 28 年实现营业额增长。同时，今后将会进一步有效利用资产，努力维持健全的财务制度，并致力于进一步增加收益 。这意味着 YAOKO 在接下来也会重视公司的持续性成长。

常识 24 “有价值成长”的含义

▷ “成长”一词意味着营业收入的增长，而这一点是很多企业必须重视的。但是，如果不能增加收益、维持利润，或者支出超过成本，那就不能算是有价值的成长。

首先，我们来思考一下成长的含义。一般而言，成长指的是扩大规模，大部分情况下指的是增加营业收入，但有时候也会指提高利润、增加资产，其含义不止一种。

不过，如上所述，成长一词经常被当作企业的目标之一，通常表示积极的含义。

营业收入增加一般是好事，但有时并不能带来利润。还有一种情况是利润增加了但利润率下降了，或者没有达到股东和其他出资者预期或要求的利润。如果它只能获得低于资本成本的利润，那么就不能说它必然是好的（见常识 15）。

所以，能增加利润、维持或提升利润率，进而产生超过资本成本的获利，才能称得上是有价值的成长。

从这个意义而言，必须要特别留意通过打折降价来提高销量、提高营业收入的策略。一般来说，折扣往往会对利润产生很大的负面影响，如果试图通过增加销量或降低成本来弥补降价带来的损失，那就必须大幅增加销量，并且大幅降低成本（请参照常识 32）。

换句话说，即使通过打折增加了销量、提高了营业收入，那也很难增加利润、维持和提高利润率，更难产生超过资本成本的获利。

因此，如果计划通过打折来增加营业收入，必须要计算好打折能带来多少销量、需要节省多少成本才能确保利润，成长的真正含义如图 4–1 所示。

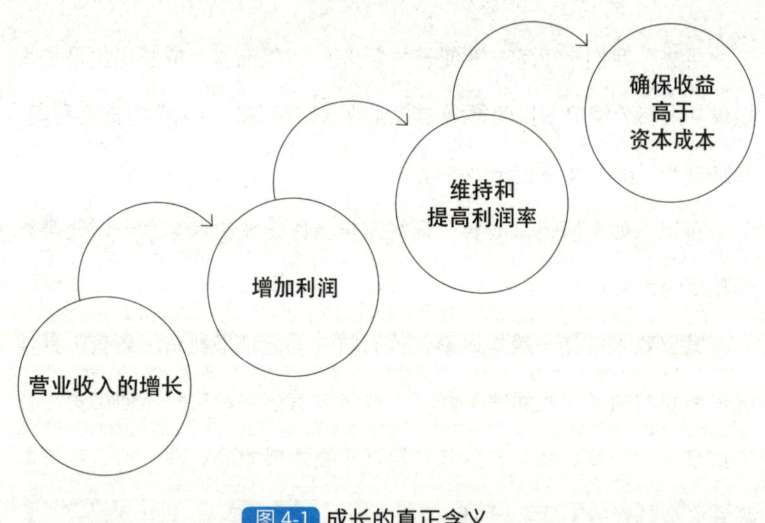

图 4-1 成长的真正含义

常识 25　从市场发展与占有率的关系来看增长速度

▷　成长中最重要的是考虑市场份额、竞争对手的成长。一般而言，企业很难达到超过市场成长的成长率。此外，虽然从结果来说，提高市场份额会带来更大的利润，但是实际上，普通企业很难成功扩大市场份额。有一种观点是，竞争企业和竞争商品要在市场中保持适度的竞争才行。

企业成长的速度要与整体市场成长的速度进行比较。一般而言，企业希望至少能够达到与市场一样高的成长率，以及维持差不多的市场占有率。

从这个意义而言，在评估企业成长速度时，重要的是要与市场整体的成长及竞争对手的成长比较，或者确认能否维持一定的市场占有率。

此外，当市场整体都在成长时，那企业的成长也相对更容易实现。但是，随着市场的成熟，企业为了成长，必须提高市场占有率才行。这是与竞争对手在有限的市场之中的零和博弈，因此成长的难度将更高，营业收入的成长如图 4–2 所示。

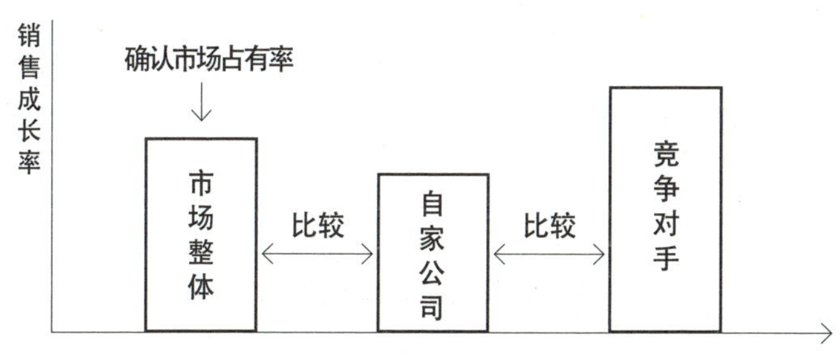

图 4-2 营业收入的成长

此外，有关成长的具体方法大致上分为两种：一种是随着自身投资逐步扩大，另一种是通过 M&A（并购）一口气扩张规模。

其中，当市场成熟时，企业会倾向于采用一口气扩大规模、减少竞争对手的 M&A 方式，不过要根据实际情况灵活使用。

其次，通过提高营业收入的成长来获得市场占有率的方法也非常重要。一般而言，这种方式更容易增加收益。

而且，私募股权选择投资对象的条件之一就是企业的某个产品或服务十分优异，或者在某个特定区域保持市场占有率第一等。之所以有这个条件，是因为市场占有率第一代表着有很强的竞争优势，以及很可能带来高利润率，某投资基金选择投资方的基准如图 4–3 所示。

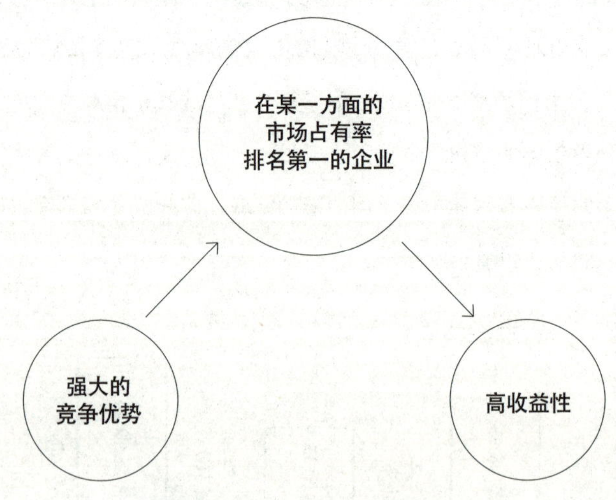

图 4-3 某投资基金选择投资方的基准

但是，当企业的市场占有率已经达到超过 50% 的高水平时，想要再继续提高的话，就必须想办法从竞争对手那里抢占更多市场。

为此，企业必须进行打折或者促销，甚至有可能去开发那些不太好服务的客户。

换句话说，各种成本的不断增加，反而会造成无法获得充足的利润。而且，过高的市场占有率可能会触犯公平交易原则。

因此，企业不要过分追求市场占有率，而是要在拥有一定的市场份额下确保能够与排名第二位以下的公司合作共享，以优质客户为服务对象，提高收益。

如上所述，营业收入的增长一般会带来市场份额的扩大，但是适度的市场份额、适度的成长更能确保高效率的盈利。

常识 26　有些经营者并不重视企业成长

▷（营业收入的）成长的重要性取决于与利润、强项和竞争优势的关联程度。不过，根据业务内容，有时候经营者也会倾向于不重视成长。

公司成长性的重要程度由业务内容来决定。例如，如果扩大规模会使成本降低，那公司的成长就非常重要。或者说，营业收入的增长能发展较大利润的重点业务，那营业收入的增长也会非常重要。

具体而言，像石油公司这类能源生产的公司，扩大规模多半是为了通过降低成本来提高营收能力。因此，营业收入的增加、市场占有率的扩大非常重要。

2017 年 4 月，日本的石油业界发生了重大变化，JX 控股公司和东燃通用石油这两家公司通过合并建立了 JXTG 控股公司。昭和壳牌石油公司和出光兴产公司的合并也在摸索中，这两家公司也正在准备扩大规模。这种策略在业界是非常适合的。

然而，规模的扩大并不一定会带来利润的增加；反之，在重视稀有价值和品牌价值的企业中，不一定需要强调营业收入的成长，成长的重要程度与业务内容如图 4-4 所示。

具有一定规模经济性的业务		重视稀有价值和品牌价值的业务
大 ⟵	公司成长的重要性	⟶ 不一定大

图 4-4 成长的重要程度与业务内容

举例来说，2016 年，法拉利作为世界领先的豪华汽车制造商之一，年销量低至全球 8,014 辆，仅比上一年增加 350 辆（增长 4.6%）。

而丰田汽车公司截至 2017 年 3 月的年度汽车销量为 1,025 万辆，本田汽车同时期的汽车销量为 368 万辆。2016 年，戴姆勒的汽车销量为 300 万辆，BMW 集团为 236 万辆，奥迪为 177 万辆。

与此相比，法拉利的汽车年销量几乎可以忽略不计。

尽管法拉利可以根据需求增加销量，但法拉利重视的并不是扩大销量，而是产品的稀有价值、品牌价值和利润。

顺便一提，法拉利在 2016 年的营业收入是 31 亿欧元（以 1 欧

元 =125 日元来换算的话，相当于 3,900 亿日元左右），比前一年增加了 8.8%，超过了销量的增长率。

这个结果受汇率、汽车业务之外的收益增加、销售车型的变化等诸多因素的影响，但总体来看，营业收入和汽车均价的上升有密不可分的关系。

此外，以营业净利润几乎相同的 EBIT（Earings Before Interest and Tax，息税前利润）为基础来看，法拉利的盈利为 59,500 万欧元，与营业收入相比，比率是 19.2%，确保了相当高的利润率。

然而，法拉利于 2015 年 1 月 21 日在纽约证券交易所上市，为了满足未来投资者的期望，可能比以前更加重视销量和营业收入的成长。

常识 27　上市公司期望更多的增长

▷ 当公司上市后，股东的期望会提高，也会更加重视公司的发展。

公司上市决定着成长这一因素的重要程度。一般而言，公司上市后会不断接受股东的评价，而股东的评价对公司来说非常重要。

一般来说，股东的评估决定着公司业务的现金流量能否提高、高于股东预期的投资效率能否实现、股价能否上升、是否能够为股东分配更多股息等。

为了实现这一目标，公司就会把重点放在增加营业收入和利润规模的扩大上。因此，上市公司必然会重视并寻求成长。

不过，有的公司并不怎么重视成长，而是以巡航速度慢慢发展；有的公司计划花一定的时间重整业务，谋求接下来的发展。这类公司可以不选择公开上市，或者直接放弃上市。

实际上，通过与私募股权基金合作实施 MBO（Management Buy Out；管理层收购，管理团队通过购买股票实现股份私有化）的公司选择的就是这条路。

常识 28　增长过速可能会导致公司急剧衰退

▷ 快速成长可能意味着近期将出现业绩大幅下滑，或者有可能造成公司的衰退。

公司一定要注意成长的速度。一般而言，业务发展迅速大多是因为某样商品的火爆，或者急剧变化的商业环境。

然而，这种情况很可能会导致公司在短时间内迅速衰退。

从这个意义上来说，比起快速地成长，企业更要维持适度地成长。

某家上市公司的社长表示，“比起持续保持高成长率，像年轮一样以几年扩张一次的速度缓慢成长的方式成长更好”。如果要持续保持高成长率，就要花费大量的精力来确保人才队伍、构建管理体系、创建公司文化等，而实际上很难完全保证这几点能够完全跟上公司的高速发展。一旦跟不上，就可能会导致非常严重的问题。

所以，为了加强人力资源、建设好管理体系等，有必要每隔一定时间调整一下成长速度，即使成长速度变慢也没关系。这一点非常重要。

公司的发展有几个盲点。不过，以提供营业收入为重点的成长可以使组织架构更加灵活，并且能增强员工的工作动力等。从这一点来看，建议公司在多加留意成长的负面影响的同时，继续保持营业收入的成长。

常识 29　落实增长策略的可行性不高

▷　制定并实现公司的发展策略需要花费一定的时间，并且成功实现的可行性很低。以此为前提，公司需要慎重考虑成长的内容，并将其付诸实践。

很多公司制定的成长策略都有一些注意事项。一位咨询公司的资深高层主管表示，“尽管各家公司都制定了成长策略，但能够按照计划实行并产出成果的案例并不多。虽然很多既有业务的成长策略做出了成果，但是新业务的成长策略往往会中途遇阻，很难成功”。

然而实际上，成长策略针对的往往是新成立的业务，以及一些准备扩展到日本的海外市场及日本新区域的业务。要将这些业务的成长策略付诸实践并产生实际结果，需要花费相当长的时间，而且其成功概率不一定高。

所以，公司在制定成长策略时，要把以上问题纳入考量范围。

此外，正如一名顾问所说，“营业收入的增加隐藏了很多问题”。当营业收入增加时，可能会隐藏诸如新业务建立的延迟、对环境变化的应对缓慢等问题，让问题变得难以察觉。

从这点来看，即使营业收入在增长，公司也不能掉以轻心，而要努力找出隐藏在其背后的问题，并且一点一点解决。

YAOKO 的财务报表分析

合并损益表

金额单位：百万日元

项目	金额	比率 /%
营业收入	327,406	100.0
营业成本	235,996	72.1
营业毛利	91,410	27.9
经营收入	15,654	4.8
销售总利润	107,064	32.7
营业费用和一般管理费	92,544	28.3
运费	6,712	2.1
广告宣传费用	2,815	0.9
人事费用	48,777	14.9
设备相关费用	20,357	6.2
营业利润	14,520	4.4
营业外收入	218	0.1
营业外费用	524	0.2
税前利润	14,214	4.3

续表

项目	金额	比率 /%
其他收益	2,249	0.7
其他损失	2,314	0.7
税金调整前本期净利润	14,149	4.3
所得税费用	4,221	1.3
本期净利润	9,927	3.0

从 YAOKO 的合并损益表来看，营业收入为 3,274 亿日元。在开展超市业务的日本上市企业中排行第十名左右（ARCS 的业务内容与 YAOKO 相似，营业范围主要在北海道和日本东北地区，2017 年 2 月期的营业收入为 5,126 亿日元）。

由于营业毛利率高达 27.9%（ARCS 为 24.6%），而且附加价值较高的熟食的比重较高，所以 YAOKO 作为一家食品超市，保持了相当高的盈利水准。

此外，营业利润率为 4.4%（ARCS 为 2.9%），这在日本食品超市中处于相对较高的水平。顺便一提，营业利润的来源除了商品销售以外，还包括购物中心的租金收入、物流中心的收入等。

从营业费用和一般管理费的明细项来看，排除由产地直送的中间物流后，YAOKO 通过在以埼玉县与千叶县为中心的日本关东地区密集设立店铺和物流中心，使得物流配送费用压缩到了营业收入的 2.1%。

此外，由于在宣传方面采取活用传单的低价策略，所以广告宣传费用大幅降低达到了 0.9%（ARCS 是 1%）。

但是，人事费用比率为 14.9%（ARCS 为 9.8%），店铺等设备相关费用比率为 6.2%（ARCS 为 4.3%），说明 YAOKO 在店铺运营方面花费了相当高的成本。与 ARCS 相比，这两种成本占营业收入的比率更高。

这是因为 ARCS 主要是在北海道和日本东北地区开设店铺，而 YAOKO 主要在埼玉县和千叶县等首都圈附近开展业务，人事费用和与店铺相关的费用会更高。

而且，由于 YAOKO 对兼职员工设置了奖励等各种增强员工工作动力的制度，所以人事费用会更高，不过这也是公司重视员工的表现。

营业外收入和费用金额很小，另外，在其他收益和其他损失方面，出售相关公司而获取的收益和失去店铺所损失的金额基本可以相抵销，所以合计后几乎没有影响。扣除 30% 左右的税金之后，本期净利率为 3%。

合并资产负债表 **金额单位：百万日元**

项目	金额	比率 /%	项目	金额	比率 /%
流动资产	40,137	22.3	流动负债	47,151	26.2
金融资产	22,386	12.4	应付账款	20,209	11.2
应收账款	2,905	1.6	银行借款和公司债券	8,253	4.6
存货资产	6,603	3.7	非流动负债	56,629	31.5
固定资产	139,733	77.7	银行借款和公司债券	43,032	23.9
有形固定资产	114,305	63.5	负债合计	103,781	57.7
无形固定资产	4,073	2.3	净资产	76,089	42.3
投资及其他资产	21,355	11.9	留存收益	74,516	41.4
资产合计	179,870	100.0	负债与净资产合计	179,870	100.0

从合并资产负债表来看，流动资产中的金融资产占整体资产的比率为 12.4%（ARCS 为 17.7%），与银行借款和公司债券的合计比率为 28.5%（ARCS 为 8.6%）相比，数值比较高。虽然实际上有一定程度的融资，但实质性的银行借贷和公司债券相对而言比较低。

此外，净资产为 42.3%（ARCS 是 61.8%），而普通企业是 30%~40%，所以，YAOKO 的净资产略高于普通企业，财务安全性相对较高。

在这方面，ARCS 的金融资产超过了银行借贷和公司债券，没有任何借贷，其净资产比率超过 60%，所以 ARCS 公司在财务方面的安全性非常高。

另外，从 YAOKO 的资产明细项来看，虽然也有一定比例的金融资产，但因为是食品行业，以现金业务为基础，并且不会长期持有库存，所以应收账款为 1.6%，存货资产为 3.7%，相对较少。流动资产为 22.3%（ARCS 是 24.8%），整体规模较小。

此外，有形固定资产高达 63.5%（ARCS 是 58.4%），这意味着 YAOKO 拥有大量店铺、陈列架和土地等。另外，无形固定资产低至 2.3%（ARCS 是 1.3%），表明应该没有收购其他公司。

此外，虽然投资及其他资产有 11.9%，但这主要是店铺租赁时收取的保证金包含在与店铺相关的资产中。

在这方面，ARCS 出现非常相似的情况，不过，虽然 ARCS 实行了多次 M&A（并购），但无形固定资产却越来越小。我们也可以认为这是公司进行了许多商誉评价不高的 M&A。

营运资本的周转期

项目	天数
应收账款的周转期	3
存货资产的周转期	10
应付账款的周转期	31

从 YAOKO 的营运资本来看，应收账款及存货资产非常少，应付账款也只有11.2%，相对比较少。从周转期来看，分别是3天、10天、31天。由于 YAOKO 以现金业务为基础，并且业务方面主要是生鲜等食品的零售，所以应收账款、存货资产等的周转期非常短。ARCS 的周转期也只有 2 天、13 天、25 天。存货资产是超市行业的重点，而 YAOKO 的存货资产的周转期比较短。从这点可以看出，YAOKO 对库存管理的掌控比较精确，其小菜等食品的保存期限也比较短。

合并现金流量表 金额单位：百万日元

项目	金额	比率 /%
经营活动的现金流量	15,805	100
投资活动的现金流量	–23,267	–147
取得有形固定资产的支出	–23,609	
取得的子公司股份	0	
融资活动的现金流量	25,083	159
支付股息	–1,855	
买回库存股	0	
合计	17,621	

从合并现金流量表来看，截至 2017 年 3 月的会计年度，经营活

动产生的现金流量为 158 亿日元。然而，投资活动把约为经营活动的现金流量的 1.5 倍的金额用在了设备投资上，约为 −233 亿日元。

另外，在融资活动中，股息一直保持着一定的水平。但由于在设备投资上也进行了几乎相同金额的融资，最终大概是 251 亿日元。

这是处于成长期的企业的典型模式，这些数额表示公司正在努力地以设备投资为中心，积极向外拓展业务。

另外，设备投资主要集中在开设新店、物流中心、食品加工和质量管控、新产品开发、设立生鲜中心、改造现有设施等方面，主要目的是扩大业务范围和提升业务的效率。

回顾过去五年的发展，我们可以看到，其中两年 YAOKO 在投资活动中使用的金额超过了经营活动取得的金额，可以得知 YAOKO 正在持续进行大规模的投资。

此外，五年间营业收入的年平均增长率（CAGR）为 7.6%（ARCS 是 8.3%），这可能受到了出生率下降和人口老龄化的影响。不过即使如此，YAOKO 仍然在食品超市行业中确保了相当高的成长率。

然而，这个比率略低于 ARCS，这是因为 ARCS 在一定程度上通过收购来不断发展，而 YAOKO 则是通过对自己的投资来进行成长。

我们来比较一下 YAOKO 和 ARCS 的 ROE。

ROE= 净利率 × 总资产周转率 × 财务杠杆

YAOKO（2017 年 3 月）

13%=3%×182%×236%

ARCS（2017 年 2 月）

8. 3%=2%×250%×162%

从以上内容来看，ARCS 的 ROE 大概是日本上市企业的平均水平，而 YAOKO 则超出这个水平。

用杜邦方程式来看分解后的明细项可知，两家公司的净利率都相当低，因为都属于薄利多销、利润率相当低的食品超市行业。但是仔细比较之后会发现，YAOKO 的净利率稍微高一点，应该是因为 YAOKO 的熟食等业务占有一定的比例，带来了更高的附加值。

同时，由于大量销售，YAOKO 的总资产周转率高达 182%，但却低于 ARCS。

如同上述，虽然两家公司都是经营的薄利（净利率略低）多销（总资产周转率稍高）的业务，但 ARCS 的优势更强。

而且，在首都圈发展业务的 YAOKO，与在北海道和日本东北地区发展的 ARCS 相比，拥有更多以土地为主的有形固定资产及租赁店铺押金、保证金等资产。

此外，在财务杠杆方面，如上所述，YAOKO 在银行借贷和公司债券方面的比率略低，财务安全性相对而言比较高，但是仍然略低于普通公司（普通公司的平均水平大概是 300%）。另外，ARCS 实质上其实是无负债经营，所以财务杠杆数值也非常低，在财务安全性方面更安全。

参考文献

· 勝間和代（2008）『利益の方程式』東洋経済新報社.

胜间和代（2008）《利润方程式》东洋经济新报社。

· 西山茂（2006）『企業分析シナリオ第 2 版』東洋経済新報社.

西山茂（2006）《企业分析方案 第 2 版》东洋经济新报社。

· 福井晋「「ヤオコー」イオンの営業利益を上回る「食生活提案」など独自戦略」ビジネスジャーナル　（2015 年 5 月 22 日）

福井晋 “YAOKO 超越永旺（AEON）营业净利的‘饮食生活提案’等独家策略” 商业期刊（2015 年 5 月 22 日）。

·「最新！「連続増益トップ 260 社」ランキング」東洋経済 ONLINE（2016 年 8 月 17 日）

最新！ “连年增益的顶尖 260 家公司” 排行榜，东洋经济 ONLINE（2016 年 8 月 17 日）。

· テレビ東京「カンブリア宮殿　流通スペシャル　地方スーパーの逆襲」（2010 年 8 月 23 日 PM10 時～ 11 時 24 分）

东京电视台 “坎布里亚宫殿的物流特辑，有关地方超市的逆袭"（2010 年 8 月 23 日 PM10 时 ~11 时 24 分）。

· フェラーリホームページトヨタ自動車 2017 年 3 月期決算短信補足資料（連結決算）

法拉利官方网站丰田汽车 2017 年 3 月会计年度结算财报速报补

充资料（合并结算）。

・Honda Corporate Update–2017 Spring

Honda Corporate Update–2017 Spring。

・Daimler Communications

Daimler Communications。

・BMW Annual Report 2016

BMW Annual Report 2016。

・Audi Japan Press Center

Audi Japan Press Center。

・有価証券報告書（（株）**ヤオコー**、（株）**アークス**、**トヨタ**自動車（株）、本田技研工業（株））

有价证券报告[（株）YAOKO、（株）ARCS、丰田汽车（株）、本田技研工业（株）]。

・（株）**ヤオコーホームページ**

（株）YAOKO 官方网站。

・（株）**アークスホームページ**

（株）ARCS 官方网。

・**トヨタ**自動車（株）**ホームページ**

丰田汽车（株）官方网站。

・本田技研工業（株）**ホームページ**

本田技研工业（株）官方网站。

第5章

实现物美更要价廉

为了打九折还能赚钱，销量和成本的目标应该是什么

我们经常听到这样的标语，“物美更要价廉”“以同样的价格提供更好的产品”“让熟悉的产品价格更亲民”等。这意味着公司想告诉顾客：与商品的品质和服务的价值相比，我们更想让你知道，我们的东西更便宜。此外，这些也是长期以来日本各位知名经营者奉为圭臬的市场策略。

当然，相较于商品和服务的品质及价值，如果能用更便宜的价格提供商品，在大部分情况下，顾客数量与营业收入都将有所增加。所以这样的策略似乎听起来很不错，并且很容易得到顾客的认可。然而，当商品物美价廉时，却很难确保业绩。所以，为了保证业绩，我们能做些什么呢？

NITORI 的低价策略与支持其策略的企业结构

NITORI 有两句闻名遐迩的广告词：“哦，物超所值”与“更加物美价廉”。NITORI 的经营策略就是整体以中低价商品为主，制造并销售家具及家居用品，低价商品约占总商品量的 60%，中价商品约占 40%。截至 2017 年 2 月，NITORI 创造了连续 30 年持续增加收益

的好业绩。

NITORI 控股公司的营业利润率为 16.7%（2017 年 2 月），作为采用低价战略的公司，这一利润率已经相当高了。那 NITORI 到底是如何实现这样的业绩呢?

从结论来看，NITORI 实现低价格、高利润率的基础是降低成本，并且实现低成本运营。NITORI 把自己称为“制造物流零售商”，从商品企划、原材料采购到产品制造、物流和销售的一系列流程都尽可能降低中间成本，并且以整个集团之力来完成生产和制造。

具体而言，NITORI 以印度尼西亚工厂（1994 年成立）、越南工厂（2004 年）这两家自有工厂为中心，对外包厂商进行质量调查及改善制造工程的指导。其 90% 以上商品都是日本的海外市场制造和采购的，能够有效降低商品本身的成本。

除了在进口时采取各种方式削减成本之外，NITORI 还有自己的物流中心，以在集团内部发挥物流功能、处理家具等相对较大的产品。这可以有效降低物流成本。

此外，NITORI 的仓库基本上也是自动仓库，只要统计完顾客的订单，便可以进行库存预订和交货预订，建立统一的管理系统，从而提高工作效率。

另外，由于不断开新店，而且是在距离较近的地区集中开店，所以减少了顾客对 NITORI 的认知成本。广告宣传和提高物流效率也能降低成本。

截至 2017 年 2 月 20 日，NITORI 的店铺数量已经扩大到了 471 家（其中日本的海外市场 43 家）。这一规模可以在原材料的采购、工厂及物流方面提高就业率，为当地的经济发展做出一定的贡献，同时可以有效降低成本。

针对这种策略，似鸟昭雄会长表示，“我们从顾客想要获得的低价入手，去思考该如何实现低价”。这就是所谓的“价格 - 利润 = 成本”，是从顾客期望的价格和公司获得的利润这两点来设定成本目标。在这种思维方式下，NITORI 创建了一个低成本的运作机制，创造出了良好的业绩。

为了让商品“更便宜”，必须要有一个支持它的机制，而创造出这个机制的企业之一就是 NITORI。

常识 30　顾客眼中“好商品”的标准

▷ 评价一个商品是不是“好商品”，需要从“对顾客而言是不是好商品”“顾客的评价好不好”“与竞争商品相比是不是更好”这几点来看。此外，如果提供超过顾客要求的水准、顾客称赞的水准，可能会造成成本与价格不符。因此，相应地设定价格和控制成本是非常重要的。

首先我们来看一下“用更便宜的方式来提供好商品”的含义。

提供“好商品”很简单，只要是为顾客提供货真价实、质量上乘的东西，基本上就不会有什么问题。

但是，需要注意的是，它必须是顾客眼中的“好商品”。近年来，品质过高、功能过剩的商品也造成了一些问题。日本顾客的要求十分严格，在这样的环境下制造并提供服务的商品，一旦出口，很可能就会变成超过顾客需求的商品。如果能引起顾客的赞叹，并带动之后的销量那固然是好事，但如果做不到这一点，那就会导致成本过高。

因此，要扩大顾客群体的范围设定，从追求高品质商品的顾客扩大到追求一般质量商品的顾客。在把市场从发达国家扩大到新兴国家时，要提供符合当地顾客需求水平的“好商品”。此外，在有竞争对手的情况下，要重点考虑在价格上比竞争商品更有吸引力。

常识 31　制定价格时要考虑的三个关键点

▷ 新产品的价格制定，除了从顾客是否能接受，或自身是否能承担成本这两点来考虑以外，还要考虑竞争对手是否有发售类似的产品。

一般认为，在设定价格时至少要考虑 3C。所谓的 3C 是指 Customer（顾客）、Competitor（竞争对手、竞争产品）、Company（公司）。这是在企业环境分析中经常使用的评估机制。

其中，Customer 的意思是，考虑好产品与顾客认知价值之间的平衡后所设定的价格，同时努力取得顾客对其价值的认可。

Competitor 的意思是，在竞争产品与自家产品非常相似的情况下，要留意竞争对手的价格，然后进行定价。

Company 的意思是，由于定价要比成本高才能获利，所以要留意成本，有意识地降低成本。

关于 Competitor ，再追加一个注意点。具体来说，当开发没有竞争产品的新产品时，那些有能力开发并发售相似产品的企业会密切关注你的新产品，并且调查你的新产品有没有可能大卖。

如果你的新产品发售价很高，竞争对手很可能会以为成本一般也能大幅获利，然后去积极开发类似的产品。

但是，如果你的新产品发售价很低，竞争对手会认为必须要控制相当多的成本才能获利，相似产品的开发难度较大，对进入市场可能会抱持谨慎的态度。

因此，在为新产品定价时，必须要意识到自己的定价会不会让竞争对手觉得其开发出类似产品也能获利，价格方面应该思考的“3 个 C”如图 5–1 所示。

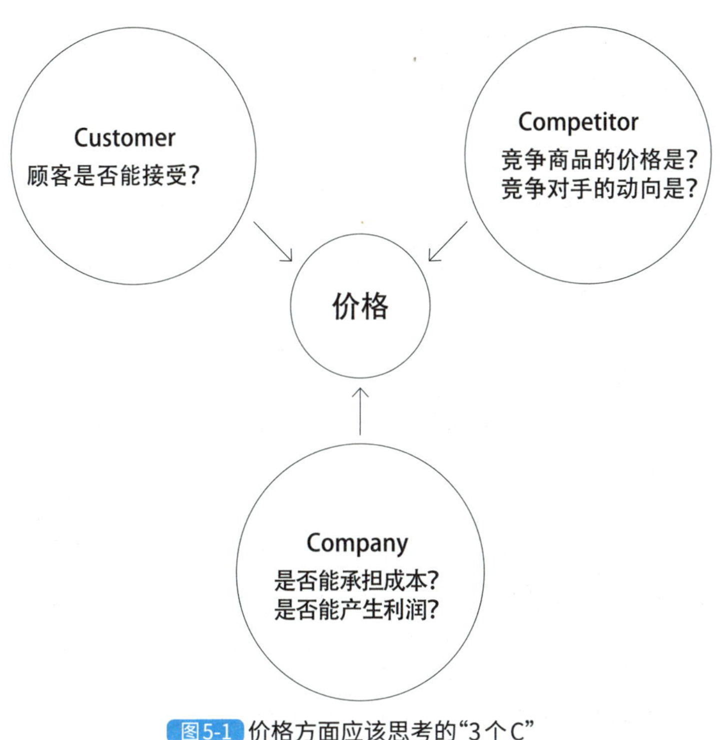

图5-1 价格方面应该思考的“3个C”

常识32　降低售价与维持利润

▷　一般而言，为了弥补降价带来的损失和维持利润，必须要大幅增加销量和大幅降低成本才行。公司要在充分考虑各种降低成本和增加销量的措施之后再实施降价。

在解释过何谓“好商品”之后，我们再来看看如何让商品更便宜。从顾客的立场来看，当然会希望价格越便宜越好。

然而，降低售价或打折会对利润产生非常大的影响，所以在决定打折之前一定要切实了解具体情况。

举个简单的例子，假设某公司以单价 100 万日元的价格卖了 100 套家具，那该公司的营业收入就增加了 1 亿日元（100 万日元 ×100 套 =1 亿日元）。

如果该公司决定打九折，将单价降到一套 90 万日元，营业收入就变成 90 万日元 ×111 套 =9,990 万日元。为了确保获得相同的营业收入，就必须再多卖 11 套，也就是说必须再多销售 11% 左右的商品。换句话说，为了维持营业收入，必须增加与折扣率（10%）差不多的销售率（11%）才能弥补。

那么利润又是如何呢？假设营业成本率(这里全部看成变动费用）设定为 60%，成本为 6,000 万日元（一套家具的成本相当于 60 万日元），营业费用和一般管理费(这里全部看成固定费用)为 2,500 万日元，营业利润为 1,500 万日元，营业利润率为 15%。

在这种情况下，将价格降到 90 万日元，每套家具的营业毛利（此时它与边际利润具有相向的含义，边际利润是营业收入减去变动费用所获得的利润）会变成 90 万日元 –60 万日元 =30 万日元。以这个边际利润来负担固定费用的 2,500 万日元，为了产生 1,500 万日元的利润，合计必须要有约 4,000 万日元的营业毛利（边界利润）。为了确保获取相同利润，则必须要卖出 4,000 万日元 ÷30 万日元 =134 套家具才行。

也就是说，当打九折时，为了确保获取相同的利润，必须要将销量增加 34%。

此外，如果想用降低成本来弥补打九折带来的损失，那么成本降低的数值必须和失去的那 1 折数值相同，也就是 1,000 万日元。

如果想通过调低原价来弥补损失，就必须把原价调低 1,000 万日元 ÷6,000 万日元 =16.7%。此外，如果想通过降低营业费用和一般管理费来弥补损失，则必须削减 1,000 万日元 ÷2,500 万日元 =40%。

由此得知，如果要以降低成本来弥补打九折带来的损失，并且还要确保获取相同的利润，那从比率上来看，必须削减 10% 以上的成本。这在某种意义上来说是理所当然的，因为与销售价格相比，通常每个产品的营业成本、营业费用和一般管理费的金额是比较小的。

这类折扣的影响程度由营业成本、营业费用和一般管理费、变动费用与固定费用的构成比率、利润率来定。不过必须要意识到的是，降价和折扣必须用销量增加和成本降低来弥补。

如果企业的获利能力较低，还需要注意的是，很可能一些较小的折扣就会造成利润的大幅下滑。举例来说，假设营业利润率为 5% 的公司打 9.8 折，如果销量没有增加，那营业利润率将会下降到 3%。当营业利润率从 5% 下降到 3% 时，营业利润实际上会减少 40%，弥补折扣的影响（以增加销售数量来弥补的情况）、折扣的影响（按照事例的情况，确保获取相同利益时）分别如图 5-2、图 5-3 所示。

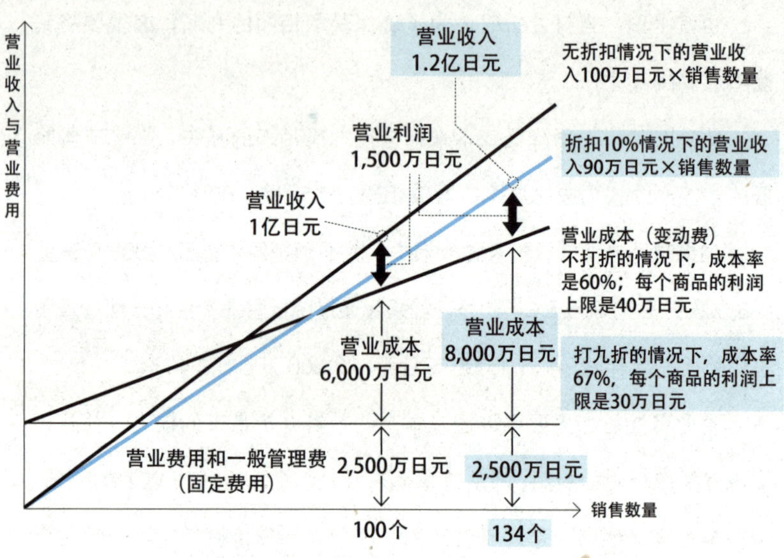

图 5-2 弥补折扣的影响（以增加销售数量来弥补的情况）

价格的变化 −10%	=	销售数量的变化 +34%	=	营业成本的变化 −16.7%	=	营业费用和一般管理费的变化 −40.0%

图 5-3 折扣的影响（按照事例的情况，确保获取相同利益时）

常识 33　不同领域定价策略的差异

▷ 公司适不适合让商品卖得更便宜，这取决于其所属行业的类型。如果不需要太强调品牌价值，或者生产一些顾客不会有太多讲究的日常必需品，或者商品没有太大差异性时，那么公司可以选择“让自己的商品卖得更便宜”策略，而且这种策略往往很有效。

这种让商品卖得更便宜的策略到底适合什么样的业务呢？一般来说，如果不需要太重视品牌价值，或者生产一些顾客不会有太多讲究的日常必需品，或者商品没有太大差异性，或者同样的东西可以通过多个渠道来购买，那卖得更便宜对顾客来说是非常有吸引力的。

举个例子，如果是销售食品、生活必需品的超市或大型电器店，那商品卖得更便宜绝对是吸引顾客的重点。

另外，如果企业特别重视自己的品牌，或者想要把商品做出很大的差异化时，那商品卖得更便宜则既有优点，又有缺点。

例如，如果奢侈品牌的包可以通过拍卖低价买到，那顾客的满意度将相当高。但是，如果折扣过于频繁或折扣率很高，很多顾客用很便宜的价格买到了包，那品牌价值就会下降，反而会降低顾客的满意度，优质顾客也有可能不再购买。

换句话说，为了保持品牌的价值，需要谨慎地给予折扣和降价。因此，那些以高级品牌作为卖点的公司，必须限制折扣期间、限制

VIP 顾客、限制季节性商品，而不是单一地推出标准商品。并且，即使有折扣，也要限制在位于偏远地区的购物中心，实施各种限制性的策略。

因此我们可以说，顾客讲究的程度、与竞争产品的差异大小、对品牌价值的重视程度导致商品价格更便宜的基准不同。

关键在于，有些行业适合把商品卖得“更便宜”，而有些行业适合“以适当的价格”来出售商品。

其中，旅行社、电影院、酒店等服务业要根据时间、日期、季节等因素来决定定价策略。客流量大的时期，定价会稍高；客流量较小的时期，为了吸引一定的顾客会采取降价的措施。

另外，如果是新商品，并且会长期出售、带动公司收益，那一开始可以以较低的价格发售，以扩大销量。即使刚开始处于赤字的状态，随着发售量的增加，生产成本会慢慢降低，最终也会实现获利。这种策略叫作市场渗透定价策略（Market Penetration Pricing），不同业务的定价策略的差异如图 5-4 所示。

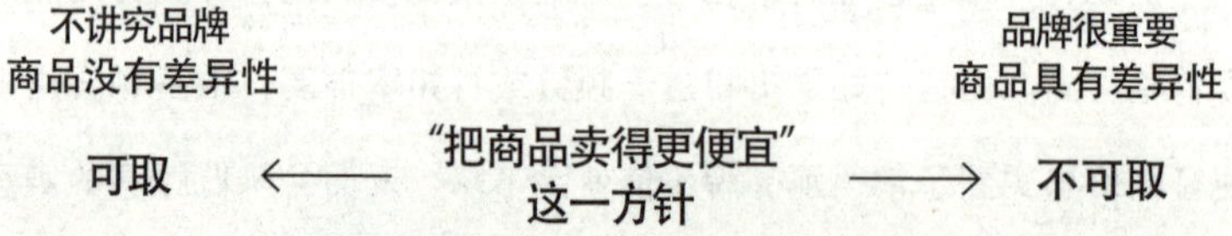

图 5-4 不同业务的定价策略的差异

常识34　让商品“更便宜”的公司机制

▷ 为了使用“卖得更便宜”这一策略来获利，有以下两种方法：一种是先以降价商品为基础，之后通过销售消耗品来获利；另一种是在商品使用阶段提供有偿服务，或者限制商品在试用阶段的权益。

在使用所谓“卖得更便宜”这一策略进行定价时，为了让该价格也能确保获取一定的利润，要以“价格 – 利润 = 成本”的想法来考虑成本的基准。这个想法正好与 NITORI 的似鸟会长的思考方式一样：

“即使价格已经降了很多，但如果仍然想获利，那就必须把成本降到这个基准以下。”

另外，通过增加销量来抵销降价和折扣，也有可能获得利润。

然而，在这种情况下，正如前文所说，必须要注意折扣的百分比，并且销量增加的百分比要超过此百分比才能保证获利，而且还必须认真分析销量增加带来的效果。

此外，销量增加的效果由顾客对于低价的反应以及竞争对手的动态来定，所以效果很难评定。因此，不要只期待增加销量带来的效果，还要同时降低成本打好基础。或者反过来，一开始就通过降低成本来确保利润，把营业收入的增加效果当作额外的好处。

此外，当初始价格制定得“更便宜”后，还要考虑获利的空间。

例如，剃须刀公司吉列（Gillette），首先以低价出售剃须刀，然后把替换刀片的利润率设定得较高，以此来获利。这种模式非常有名，被称为“吉列模式”。这种模式的特点是，最初售卖的商品的价格很低，但之后从顾客肯定会买的消耗品中获利。

采取这类模式的商品还有佳能打印机，墨水、碳粉等消耗品都能让佳能获利；以及靠装有液体的胶囊咖啡来获利的雀巢 Nespresso 咖啡机等。

此外，还有一种类似的模式是，先是以低价出售商品，然后通过提供商品协助和维修服务来获利。

常识 35　让商品“更便宜”的替代方案

▷ 除了降低价格之外，还有一种方法可以让商品“卖得更便宜”，那就是提供赠品。

如上所述，在需要重视品牌和差异化的企业中，降低价格可能会降低商品在顾客眼中的价值。所以要在限定的时间、限定的场所、为限定的顾客提供服务。

企业有必要讨论在不更改价格的情况下为顾客提供优惠的方式，如送赠品、积分，或者像房屋中介业者那样免租金。这些做法不仅可以维持原有价格，而且可以保证商品和服务的价值，可以减少营业收入和利润缩水带来的影响，并且可以掌握顾客的回头率和行为模式。

这种替代方案非常值得进一步探讨。

在这点上，我之前曾听一家大型百货公司的营业部长说过：

“如果商品卖不出去，就会想降价。但是，按照我过去的经验看，降价不是明智的抉择。虽然商品降价会带来不少的销量，但同时也会让顾客认为降价后的价格才是真正的售价。停止降价回到之前的价格时，顾客就会有涨价的感觉，导致商品几乎卖不出去。反之，从过去的经验得知，比起降价，送赠品的效果更好。因为赠品会让顾客产生‘赚到’的心理，所以送赠品更容易增加销量。而且由于价格不变，所以也不会影响顾客对售价的认知。停止送赠品也许会导致销量有所下降，但由于顾客不会有涨价的认知，所以销量不会像停止降价后那么低。”

因此，公司在降价上一定要慎之又慎。在送赠品时，由于顾客能感知到赠品的售价，所以会觉得自己赚到了，而公司实际承担的也只是赠品成本的部分。不过，这部分成本换来的是顾客对商品价值的认同，也从中感受到了很大的价值。

从这点来看，百货商店、超市或者电器店的积分卡也是赠品的一种。重点是销售的商品本身的价格没有折扣，但在下次购物时可以使用积分抵现。

换句话说，不是直接打折，而是赠送可以打折的积分，这样做能够吸引顾客并扩大销量，促使顾客使用积分来继续购物。此外，还可以通过分析顾客购买和使用积分的数据来掌握顾客的行为。

另外，房屋中介业者在出租房屋时，也有前几个月免租金的优惠措施。不降低租金，而是前几个月免租金，这其实在本质上就是打折。但是只要不降价，就不会损害房屋的价值，而且还能以这种方式吸引顾客。

像这样通过赠品给予顾客好处，而且商品本身不降价的措施值得每一家公司借鉴，赠品的好处如图 5-5 所示。

- ☑ 不需要降低商品本身的价格。
- ☑ 即使停止赠送活动，顾客也不会觉得商品涨价了。
- ☑ 成本负担低于顾客的价值认知（成本基础）。
- ☑ 积分模式能增加顾客的回购率。
- ☑ 把存货商品当赠品的话，可以减少库存。

图 5-5 赠品的好处

NITORI 控股公司的财务报表分析

合并损益表

金额单位：百万日元

项目	金额	比率 /%
营业收入	512,958	100.0
营业成本	234,684	45.8
营业毛利	278,274	54.2
营业费用和一般管理费	192,497	37.5
运费	23,685	4.6
广告宣传费用	14,804	2.9

续表

项目	金额	比率 /%
人事费用	59,650	11.6
设备相关费用	38,433	7.5
营业利润	85,777	16.7
营业外收入	1,865	0.4
营业外费用	78	0.0
税前利润	87,563	17.1
其他收入	801	0.2
其他损失	543	0.1
税金调整前本期净利润	87,821	17.1
所得税费用	27,822	5.4
本期净利润	59,999	11.7

从合并损益表来看，NITORI 控股公司（以下简称“NITORI”）的营业收入有 5,130 亿日元，是日本家具装修业界中规模最大的上市公司（销售家具、生活杂货、服装饰品、食品等商品的无印良品于 2017 年 2 月的营业收入是 3,326 亿日元，而主营家具零售的大冢家具在 2016 年 12 月的营业收入是 463 亿日元）。

NITORI 的营业毛利率是 54.2%（无印良品为 49.7%、大冢家具为 53.4%），中低价的商品比例相当高，超过无印良品及大冢家具。这是因为 NITORI 的很多商品是在印度尼西亚、越南等日本的海外市场制造和生产的，能够大幅降低成本。

NITORI 的营业利润率有 16.7%（无印良品为 11.5%），在家具和装修业界中处于前列。

从营业费用和一般管理费的明细项来看，由于拥有自家的物流公司，而且实施集中导向策略，所以 NITORI 开设的店铺数量相当多。尽管会生产大型家具，但 NITORI 仍然能把货物运费控制在营业收入的 4.6%（无印良品为 4%）。

另外，由于集中导向策略的有效推广，广告宣传费用也相对压缩至 2.9%（无印良品为 1.6%）。不过，人事费用达到了 11.6%（无印良品为 11.1%），商店等设备相关费用为 7.5%（无印良品为 12%），这些费用的比重相对较高。

与无印良品相比，NITORI 的特征是能够利用高效率的运输和物流系统，限制大型家具的运费。另外，将店铺设置在偏远城乡和郊区，能够有效控制成本，压低相关设备的费用。

另外，由于营业外损益及其他损益金额很小，扣除 30% 税金，本期净利率为 11.7%（无印良品为 7.8%）。

合并资产负债表

金额单位：百万日元

项目	金额	比率 /%	项目	金额	比率 /%
流动资产	170,182	34.9	流动负债	75,724	15.5
金融资产	70,560	14.5	应付账款	16,001	3.3
应收账款	18,486	3.8	银行借款和公司债券	817	0.2
存货资产	48,966	10.0	非流动负债	17,310	3.5
非流动资产	317,630	65.1	银行借款和公司债券	2,330	0.5
有形固定资产	248,094	50.9	负债合计	93,034	19.1
无形固定资产	13,732	2.8	净资产	394,778	80.9
投资及其他资产	55,804	11.4	留存收益	361,103	74.0
资产合计	487,812	100.0	负债与净资产合计	487,812	100.0

接下来，我们来看看 NITORI 的合并资产负债表。流动资产中的金融资产占总资产的 14.5%（无印良品为 18%），而银行借款和公司债券整体为 0.7%（无印良品为 5.1%），可以说几乎没有实质上的负债。

此外，NITORI 的净资产高达 80.9%（无印良品为 73.1%），而普通公司一般在 30%~40%。与普通公司相比，NITORI 的净资产非常高，并且在财务安全性方面也表现得非常出色。无印良品在这点上也是如此。

从资产的明细项分类来看，由于零售以现金交易为基础，因此应收账款很少。同时，由于家具的单价相对较高且持有时间较长，所以存货资产不少，流动资产比重为 34.9%（无印良品为 61.2%），约占整体的三分之一。

有形固定资产为 50.9%（无印良品为 18%），比率相当大。这说明 NITORI 拥有相当多的店铺、日本的海外市场工厂及物流中心等建筑物和土地等。另外，在有形固定资产方面，无印良品以委托外包制造、与购物中心合作开设店铺为基础，因此有形固定资产只占了资产的 18%。从这点可以看出两家公司在商业模式上的差异。

NITORI 的无形固定资产低至 2.8%（无印良品为 6.3%），表明应该没有进行企业收购。

另外，投资及其他资产有 11.4%（无印良品为 14.5%），但主要是出租店铺的保证金和押金，以及一些店铺的相关资产。

在无形固定资产和投资的倾向上，无印良品与 NITORI 也大致相同。但是，由于无印良品受到集团公司子公司化等因素的影响，所以无形固定资产的数值会稍高一点。

营运资本的周转期

项目	天数
应收账款的周转期	13
存货资产的周转期	76
应付账款的周转期	25

从营运资本来看，如上所述，应收账款和应付账款相对较少。应收账款为 3.8%，存货资产为 10%，应付账款为 3.3%。周转期只有 13 天、76 天、25 天，因为是以现金交易为基础的零售业务，所以天数非常短。但是，由于是以单价高且交期较长的家具为主，并且在生产上需要花费一定的时间，所以存货资产的周转期天数较长。

无印良品的周转期为 9 天、158 天、42 天，存货资产的周转期相当长。在存货资产的周转期上，商品主要在集团内部生产的 NITORI 比全部外包的无印良品要更短。这是因为 NITORI 的商品卖得不错，制造和销售环节配合得比较好，库存控制水平很高。

合并现金流量表　　金额单位：百万日元

项目	金额	比率 /%
经营活动的现金流量	77,930	100.0
投资活动的现金流量	–42,047	–54.0
取得的有形固定资产和无形固定资产	–34,966	
取得的子公司股份	0	

续表

项目	金额	比率 /%
融资活动的现金流量	–6,414	–8.2
支付股息	–7,753	
买回库存股	–4	
合计	29,469	

从合并现金流量表来看，经营活动的现金流量为 779 亿日元，大约有一半花费在投资设备上，剩余部分花费在支付股息的融资活动中，这是处于稳定阶段的企业的典型模式。

5 年平均销售增长率（CAGR）为 9.2%。虽然业务发展的重点是在少子化和人口老龄化日趋严重的日本，但仍然保证了相当高的增长率。 不过无印良品的 5 年平均销售增长率（CAGR）高达 13.3%，超过了 NITORI。

虽然无印良品在日本的 5 年平均增长率为 7.1%，但以亚洲为中心的日本海外市场中增长率为 37.1%，因此无印良品才能保持那么高的增长率。

从这点来看，NITORI 的增长率仅在日本市场表现优异。考虑到未来的进一步发展，NITORI 今后的课题应该是向以亚洲为中心的日本海外市场扩张。

我们来比较一下 NITORI 和无印良品的 ROE 吧。

ROE= 净利率 × 总资产周转率 × 财务杠杆

NITORI 控股公司（2017 年 2 月）

15.2%=11.7%×105%×124%

无印良品（2017 年 2 月）

16.9%=7.8%×155%×140%

从以上数据可知，两家公司的 ROE 都相当高，NITORI 在 15% 左右，无印良品在 16% 左右，几乎没有太大的差异。 在净利率方面是 NITORI 比较高，而总资产周转率方面则是无印良品比较高。

从品牌形象来看，NITORI 看似以薄利（净利率略低）、多销（总资产周转率略高）的方式扩展业务，但实际上是通过彻底压低成本来获得高收益率（高利润率）与平均销量（平均周转率）。

这是因为 NITORI 拥有多家店铺、工厂以及物流中心，有形固定资产所占比率较高。反之，虽然无印良品一直采取外包模式，利润率所占比率较低，但不需要持有工厂，而且店铺也都开在购物中心，所以有形固定资产所占比率较低，资产周转率所占比率较高。

由此可见，这两家公司的商业模式不一样。

在财务杠杆方面，由于两家公司基本上没有实质负债，所以比普通公司（平均水平约为 300%）低得多，财务的安全性非常高。当然，我们也可以说，这反而意味着这两家财务强健的公司还有相当大的发展投资空间。

参考文献

・西山茂（2009）『戦略管理会計改訂 2 版』**ダイヤモンド**社.

西山茂（2009）《战略管理会计 改订 2 版》钻石社。

・有価証券報告書（（株）**ニトリホールディングス**、（株）良品計画、（株）大塚家具）

有价证券报告书 [（株）NITORI 控股公司、（株）无印良品、（株）大冢家具]。

・（株）**ニトリホールディングスホームページ**

（株）NITORI 控股公司官方网站。

・株式会社**ニトリホールディングス** 2017 年 2 月期決算説明会

株式会社 NITORI 控股公司 2017 年 2 月决算说明会。

・（株）良品計画**ホームページ**

（株）无印良品官方网站。

第6章

成本的削减

如何运用“固定成本”和“变动成本”

许多企业都会设立削减成本（费用）的目标，如“成本比前一年降低多少百分比”“彻底执行削减成本和费用的举措”“大幅度削减经费”等。

为增加企业的利润，简单而言，一方面要增加来自外部的营业收入等收入，另一方面则要降低流向外部的费用，如商品的制造成本以及销售、管理费用等。

一般而言，增加收入通常倾向于依赖顾客及竞争对手等外部环境。而削减成本受到外界因素的影响相对较小，只要企业制定合适的方针并予以执行，获得成功的可能性很大。

从这个意义上来说，企业想要增加利润，先从削减成本入手是直截了当、合乎道理的。但我们是否能用同一种方式降低所有成本呢？如何在削减成本与保证品质之间取得平衡呢？

信越化学工业通过削减成本来保证高效经营

主要生产和制造氯乙烯、有机硅等原材料和零件的信越化学工业，通过实行彻底的成本削减等高效经营策略，维持着良好的业绩。信越化学工业在降低生产成本的同时，将营业费用和一般管理费控制在营业收入的 10% 左右（2017 年 3 月是 10.5%），并且持续保持 15% 以上的营业利润率（2017 年 3 月是 19.3%）。如此严格地降低成本是该企业保持良好业绩的重点之一。

不过，在削减产品成本及费用的同时，信越化学工业也积极推行可以降低不良品率的六西格玛管理制度，并对生产设备及研发项目进行投资。

关于设备投资，该公司所在的化学行业往往需要大型设施，并且受经济形势变动的影响较大。因而，在市场需求还不太多的时候，就要开始预测未来需求、投资新设备。这样随着后期对新设备的运营需求增加，业绩就会显著提升。信越化学工业就是基于这样的策略，切实地收集需求变动趋势等信息，精准预测未来，并积极进行投资。

支撑这样的经验策略的是信越化学工业扎实的财务基础。该企业一直维持着无债务经营，并且持有相当多的现金储备。截至 2017 年 3 月末，信越化学工业所持有的现金、存款及有价证券合计达 9,392 亿日元，占年营业收入 12,374 亿日元的 75.9%。因此，即使在经济不景气、竞争对手无法投资的时候，信越化学工业也能积极投资。这有利于其提升营业收入、扩大市场占有率，并进一步提高利润。

从信越化学工业的例子中我们可以看出，削减成本并不是指一味地追求降低成本，而是要根据实际需求调整幅度，在保持产品品质以及投资设备和研发上适度投入，这是相当重要的。

常识 36 固定成本与变动成本

▷ 在削减成本时，降低管理费、物流费等固定成本所发挥的作用很大。然而，必须要注意过度削减成本可能造成各种各样的问题。另外，对于研发费用、促销费用、广告宣传费用等变动成本，虽然也需要保持一定的成本意识，但更重要的是关注怎样提高其使用效率。

在以成本为主要竞争点的行业当中，降低成本对于多数企业来说是确保盈利的关键。实际上许多企业为了降低成本采取了各种各样的措施。例如，采购部门参与所有对外采购，与供应商讨价还价；将生产方法和业务标准化、效率化；通过减少产品类型实现效率化等等。但降低成本的力度会根据成本的不同性质而有所变化。例如，让我们从经营管理成本的视角出发，将成本分为“固定成本”与“变动成本”来看看吧！

这里所谓的“固定成本”，指的是维持企业基本运营的管理相关成本、物流成本，或者与销售产品及售后维修等相关的成本。总体而言，对于这类成本，以最小的投入达到一定的成果是非常重要的。因此，管理这类成本的核心在于成本的使用是否高效。

另外，所谓“变动成本”，是指短期或中长期为提高营业收入而付出的成本。换句话说，变动成本也就是研究开发费用、促销及广告宣传费用等成本。此类成本基本上追求的是在投入一定成本的情况下将收效最大化。因此这种成本管理的理想状态是追求成本产生的效果。

在这二者之中，削减成本应重点关注的是前者，即固定成本。但是如果过于重视效率、对固定成本削减过度，就容易造成管理水平低下以及物流等方面的问题，因此需要在削减成本的时候注意保持平衡，企业“降低成本”策略的差异如图 6–1 所示。

固定成本		变动成本
管理成本、 物流成本等		研究开发费用、 广告费用、促销费用等
高	←—— 降低成本的重要性 ——→	不一定高

图 6-1 企业“降低成本”策略的差异

常识 37 削减变动成本时的盲点

▷ 过度削减变动成本，可能导致效果变差。就变动成本而言，严格管理和重视效率，与削减成本之间存在矛盾。不过，其具体效果有待考量。

就变动成本而言，过度强调削减成本不是上上策。研究开发费用、促销费用、广告宣传费用等与提高营业收入有关的变动成本，如前所述，重点在于以一定的成本产生更大的效果。如果过度削减这类成本，可能导致效果大幅降低、产品改良及新产品开发延迟、营业收入降低、品牌价值下跌等问题。要达到一定的效果，必须投入一定的成本，谨防任意削减成本的行为。

例如，就广告宣传费用而言，一般只有投入了一定的时间和金钱才能有效果。因此，如果轻易削减广告宣传费用就有可能导致其效果大打折扣。

再如研究开发费用，一般而言，创新性强的研发方向与严格控制成本和严格管理的经营策略常常有冲突。例如，接连发行新产品、以创新闻名的美国 3M 公司，其经营方针被称作“15% 文化”，即研发人员可以自由使用上班时间的 15%。员工是否使用这一权利是员工的自由，即使未取得成果也没有惩罚。不过，如果有成果，公司设置了支持研究成果商品化、商业化的资金及其他支持机制，并且对取得成果的研发人员进行表彰。

这样的机制基本与削减成本及重视效率方向相左，可以说它意味着成本的削减和对效率的追求有时与研究开发和创新有所冲突。

但是从可以看到一定成果的阶段开始，就要从技术的可实现性、市场的大小、与竞争企业相比的差异化优势等视角出发，采用在满足一定条件的情况下进入下一个阶段的“闸门管理”等方式，建立起基于客观标准对研究成果是否能商品化、商业化进行评判。

并且，一般而言，考量研究开发费用、促销费用和广告宣传费用的效果是十分困难的。但是，为了尽可能提升其效果，尽量对其考量是很有必要的。

常识 38　注意区分何时该重视效率、何时无须重视效率

▷　削减成本的重要性根据业务内容的不同而变化。在一些重视感性的业务上，可能存在不适合削减成本的方面，但是为促使业务发展，有必要在可能追求效率的部分推进削减成本。

在以低成本为竞争力的业务中，削减成本是很重要的。然而，在通过差异化建立竞争优势的情况下，虽然削减成本也很重要，但同等重要的是在此基础上形成对顾客的吸引力。

特别是在追求感性的业务中，仅仅削减成本是无法得到顾客的支持的。有必要认识到削减成本的重要性是存在差异的。

一般来说，强调创造新事物的创意以及感性的业务容易与削减成本、追求效率的原则冲突。但即使在这一范围内，也可能通过在某些部分引入一定的成本意识和效率意识而提高业绩。因此，从“创造有魅力的企业”这一观点出发，如何更好地平衡感性、创意和效率是值得思考的。

星野度假村可以作为在强调感性的业务中追求效率的一个典范。该公司主要经营旅馆和酒店品牌，如高级品牌“虹夕诺雅（HOSHI NOYA）”、温泉旅馆“界”，以及可以享受各种活动的时尚度假酒店“RISONARE”。例如“虹夕诺雅”的经营理念是细心考虑顾客的需求，

包括不在客房内摆放电视，以使顾客获得高品质的、不同于日常的时间和空间。

一般而言，高级旅馆和酒店在经营中比较重视顾客的感受等感性方面，但星野集团采用提高效率的机制促进了业绩的提高。

具体而言，首先是员工的多任务处理。也就是说追求酒店四大服务柜台、烹饪、客房清洁、餐厅服务的标准化，每位员工根据一天业务量的变化担任不同的职务。这使得酒店只雇佣少数人就可以运营，并且可以增强员工的工作动力，提升服务质量。

此外，分五个层次对员工的工作效率进行评估，管理业务水平，借此提高并维持服务质量。

以用餐为例。星野集团在千叶县的中央厨房进行标准化的食材采购与菜肴调理，再运到各指定地点进行烹饪。另外，各地也独立开发当地的特定菜肴，并在当地采购食材和烹饪，将两类菜肴一起提供给顾客。

正如星野集团的例子，其在强调提供高品质服务的同时，采用了追求效率的机制以实现这一目标，如员工的多任务处理和标准菜肴统一由中央厨房调理等。另外，各地还要加上当地的特色食材，在讲求效率的同时，还可以提高顾客的满意度。

通过这种方式，星野集团技巧性地区分了重视效率以及不重视效率的部分，在给顾客留下深刻印象的同时，树立起商业品牌。像这样依据业务领域平衡效率和品质非常重要。

常识 39　注意因削减成本造成其他成本上升的问题

▷ 过度降低成本可能因为产生问题而造成成本增加。此外，也可能发生降低某项成本致使其他成本增加，也就是所谓权衡（Trade-off）的情况。再者，在降低成本的同时，也应注意确保满足客户追求品质的需求。

在降低成本的同时，还必须注意对其他成本和产品品质等的影响。例如，在使用廉价原材料来降低原材料成本时，因制造过程中出现的问题增多，造成不良品率升高。另外，为了缩减人事费用而提高劳动力成本较低的无经验人员的比例，导致失误率变高，反而需要花费更多时间解决等。人事费用的缩减反而可能造成发生问题的概率更大，从成本总体来看，可能造成成本的增加。

类似这样因删减成本造成其他成本增加的权衡情况可能出现，因而有必要在实施削减成本策略的时候考虑到这种可能性。

此外，过度节省成本可能造成产品品质及服务质量下降。尽管有人认为没有必要过度追求品质，但事先预想并确保顾客所要求的品质是有必要的。如此看来，注意不过度削减成本很重要。

因此，经反复讨论、设计并执行的不会发生大问题、总体来看能降低成本的削减政策是很重要的，削减成本的副作用如图 6-2 所示。

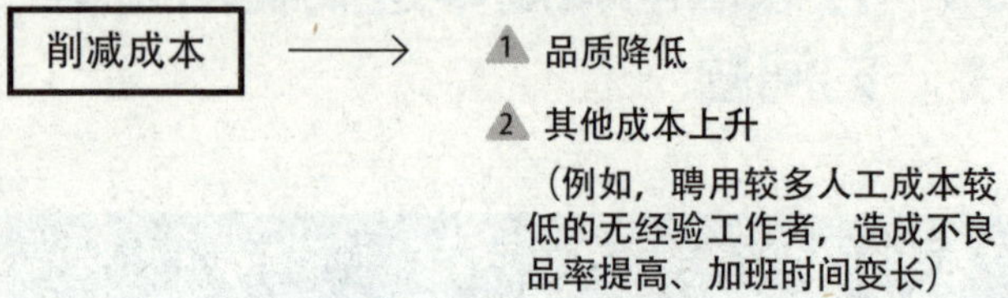

削减成本 → 1 品质降低
2 其他成本上升
(例如，聘用较多人工成本较低的无经验工作者，造成不良品率提高、加班时间变长)

图 6-2 削减成本的副作用

常识 40 企业发展中削减成本的重要性及例外

▷ 在企业重整的过程中，降低成本是一大重点。然而，只降低成本无法实现企业重整。只有使企业进入增长模式才能算是完成了真正的重整。基于这样的考虑，对于企业未来发展所进行的必要投入，在重整的初期不能削减，反而要在必要的时候及可能的范围内增加。

企业在进行重整的时候，一般而言，会根据业务的选择、成本的削减和资产的压缩，从缩小规模、建立能盈利的机制开始。其中，通过削减成本提高成本竞争力是非常重要的。

不过，真正意义上的企业重整一般是根据之后的增长战略，在扩大经营规模时才开始。并且为了实现企业的发展，从某个阶段开始就有必要实行一些与削减成本相左的策略，如为将来的发展所做的投资以及投入成本。在企业重整的情况下，削减成本虽然很重要，但要注意的是从某个阶段开始，只削减成本并无法满足企业发展的需要。

另外，企业在处境严峻时进行重整，一般会执行以下四个重点：①选择业务范围，②彻底削减成本，③彻底压缩资产，④实施增长战略。其中，在重整的初期会集中开展①②③项。

也就是说，企业通过缩小规模筛选出将来可能盈利的业务，关停或出售其他业务，并对保留的业务彻底削减成本和压缩资产，建立一个即使规模缩小也能盈利的机制。此外，企业通过压缩（出售）资产所获得的资金可以增强财务实力，为将来的运营打基础。当企业开始产生利润时，再转而实施④的增长战略，企业重整的四个阶段如图 6–3 所示。

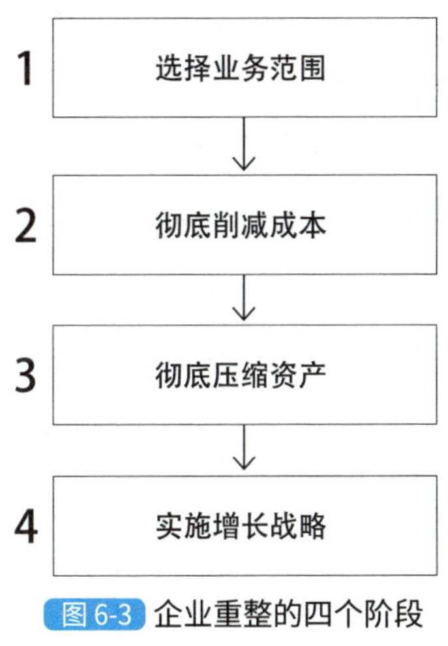

图 6-3 企业重整的四个阶段

实际上，在业绩严重恶化的情况下，成功重整转型的日产汽车和日本航空公司也采取了几乎相同的步骤。其中，降低成本是企业重整中相当重要的要素。

日产汽车接受雷诺投资后的重整计划——日产重整计划，该计划包含了各种降低成本和压缩资产的措施。例如，决定缩减供应商数量，通过增加每家供应商的订单数量要求供应商降低零部件的单价；通过实行提前退休制度减少人员；通过减少规格、实现标准化以降低成本；关闭部分工厂提高稼动率；等等。

在营业费用和一般管理费方面，日产汽车也实行了诸如通过品牌重塑来减少用于奖励金的开支、制作全球通用的广告以削减广告费用、简化销售网络等各项削减成本的措施。

日本航空公司在决定停止公开上市，接受国家支持企业重整的时期，同样实行了各种削减成本、压缩资产的措施。例如，取消无法获利的航线，并且变更机种，以降低各据点的运营费用和燃料费用等相关成本；降低手续费率以减少支付给旅行社的手续费；降低基本薪资、实行提前退休制度以减少人事开支等。

然而，日本航空公司因机场起降等规定无法立即实行增长战略，日产汽车在初期重整计划中就已经开始采取措施，向增长方向前进。具体来说，后者以优厚条件网罗主要设计师开发新车，并开始实行品牌形象重塑计划。

由此可见，在企业振兴的初期，通过降低成本、缩小业务范围及压缩资产达到缩小规模、产出利润的目的固然重要，但为了同时实现企业的发展和增长，则有必要采取留下可能获利的业务等各项措施，为企业未来的发展做好准备。

常识 41 学会活用管理会计工具及其注意点

▷ 在降低成本中常用的管理会计工具包括从企划设计的阶段开始考虑降低总成本的成本计划，以及精确分配间接费用、减少其分配基准数额并提高相关业务效率，从而削减间接费用的 ABC 成本法等。但前者存在给设计增添负担、易导致品质下降、给承包商造成过度负担等问题，后者则需要注意灵活运用因效率化而多出的时间以及削减成本措施的可行性。

运用在成本削减中的最具代表性的两个管理会计工具分别是成本计划与 ABC 成本法（Activity Based Costing，作业成本分析法，是基于活动成本进行核算的系统）。

成本计划是一种从产品策划及设计阶段开始，在考虑产品总成本的基础上削减成本的方法。例如，从产品的策划及设计阶段开始，一边思考产品制造或维修的难易程度，一边进行设计，从而提高产品制造或维修的效率，降低成本，最终的目标是降低总成本。

这是以丰田汽车为首的日本汽车制造商提出的想法。其认为一般情况下产品的成本多在产品的策划及设计等初期就基本定型，在之后的流程中，削减成本的效果从某种程度上来说是很有限的。

虽然这种方法一般能产生很好的削减成本的效果，但是因为其要求设计负责人考虑产品的成本，可能会造成他们的负担加重、难以自由发挥创造力进行设计，还可能造成产品质量低下、下游承包商负担过重等问题。因此在运用成本计划这一方法时，需要考虑以上问题。

ABC 成本法是精准分配间接费用的工具。其把难以分辨出归属于哪个产品的间接费用，依据一个个完整的作业活动进行划分，根据与各种活动关系密切的数据将间接费用精细地分摊到各个产品上。由此间接费用能够更适当地得到分配，也就能更准确地算出各个产品的成本。在此基础上，进一步削减与作为分配基准的数据相关的业务，通过将这些业务效率化来实现成本的削减。

但是，ABC 成本法的前提是可以收集到多种能够作为分配基准的数据，所以能够引入 ABC 成本法的企业可能数量很有限。并且，即使企业实行了业务效率化，如果不将因此多出的时间用在别的业务上或实行减员，还是无法实现真正的成本削减，也无法改善企业业绩。因此，在使用 ABC 成本法时需要注意这两点，成本计划与 ABC 成本法的含义和目的如图 6-4 所示。

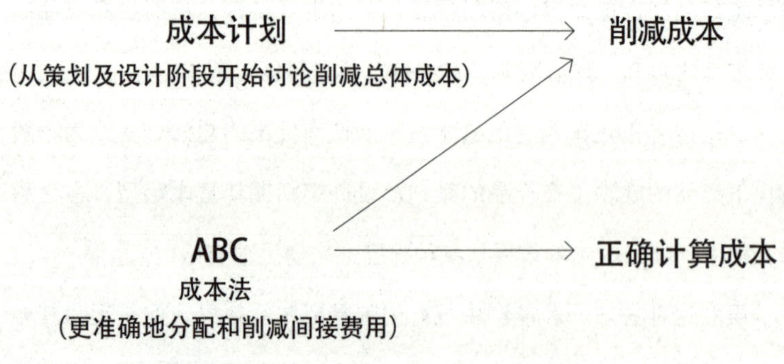

图 6-4 成本计划与 ABC 成本法的含义和目的

信越化学工业的财务报表分析

合并损益表　　金额单位：百万日元

项目	金额	比率/%
营业收入	1,237,405	100.0
营业成本	868,404	70.2
营业毛利	369,001	29.8
营业费用和一般管理费	130,383	10.5
研发费用	49,020	4.0
运费	34,452	2.8
人事费用	26,154	2.1
营业利润	238,617	19.3
营业外收入	12,200	1.0
营业外费用	8,684	0.7
税前利润	242,133	19.6
其他收入	0	0.0
其他损失	0	0.0
税金调整前本期净利润	242,134	19.6
所得税费用	66,220	5.4
本期净利润	175,912	14.2

从信越化学工业的合并损益表来看，营业收入为12,347亿日元，在日本化学工业界上市公司中排第5名，具有相当大的规模（同期日东电工是7,677亿日元）。另外，营业毛利率为29.8%（日东电工为31.1%），处于材料相关的制造商中多见的20%~30%。

但是，营业利率为19.3%（日东电工为12.1%），与一般处于5%～10%的其他日本化学品制造商相比，处于相当高的水平。尽管营业毛利率处于一般水平，但营业利润率高，这表明营业费用和一般管理费被控制在一定水平以下。

具体而言，从营业费用和一般管理费的详细情况来看，研发费用为营业收入的 4%（日东电工为 4%），由于该行业倾向于制造一定数量的多种产品，因此从营业收入比率来看并不是很高，但依然处于制造业平均水平的 4% ~ 5%，超过化工行业平均水平。

另外，由于所生产的化学产品多为单价低、量大的产品，因此运输费用不多，仅为营业收入的 2.8%（三井化学为 4%）。

此外，该企业雇佣少数精英员工而提高效率，使得营业费用和一般管理费中的人事费用只有2.1%（三井化学为3.5%,旭化成为8.8%），与同行业其他公司相比很低。一般来说，B2B 的企业如果能够有效地进行销售和管理,营业费用和一般管理费占营业收入的比率通常会降低。但信越化学工业非常低，只有 10.5%（日东电工为 19%），证明其营业费用和一般管理费得到了很好的控制和有效的使用。

由于营业外损益及其他损益较少，因此扣除约 30% 的税金之后，本期净利润率为 14.2%。

合并资产负债表

金额单位：百万日元

项目	金额	比率/%	项目	金额	比率/%
流动资产	1,549,607	58.4	流动负债	317,000	11.9
金融资产	939,266	35.4	应付账款	123,823	4.7
应收账款	287,853	10.8	银行借款和公司债券	12,788	0.5
存货资产	267,156	10.1	非流动性负债	148,553	5.6
固定资产	1,106,028	41.6	银行借款和公司债券	1,578	0.1

续表

项目	金额	比率/%	项目	金额	比率/%
有形固定资产	846,570	31.9	负债合计	465,553	17.5
无形固定资产	10,229	0.4	净资产	2,190,082	82.5
投资及其他资产	249,228	9.4	留存收益	1,857,857	70.0
资产合计	2,655,636	100.0	负债与净资产合计	2,655,636	100.0

从合并资产负债表来看，流动资产中的金融资产占资产整体的35.4%（日东电工为31.9%），与此相对，银行借款和公司债券整体只占0.6%（日东电工为0.6%），实际上处于无借款的状况。而且，净资产率为82.5%（日东电工为74.4%），与一般业务公司常见的30%～40%相比非常高，财务安全性具有突出优势。另外，日东电工也有这种净资产率较高的倾向。

另外，从资产来看，如前所述，由于金融资产比率较大，流动资产为58.4%（日东电工为64.1%），超过了一半。但是，有形固定资产也有31.9%（日东电工为28.4%），表明其在持有相应的设备的同时，自行生产制造。另外，无形固定资产占比较小，仅为0.4%（日东电工为2.4%），表明近年来几乎没有企业收购等行为。在日东电工中这一情况也基本相同。

营运资本的周转期

项目	天数
应收账款的周转期	85
存货资产的周转期	112
应付账款的周转期	52

另外，从营运资本来看，由于是面向企业销售素材和零部件等的 B2B 企业，因此相对于资产合计额，应收账款为 10.8%，存货资产为 10.1%，应付账款为 4.7%。从周转期来看，分别为 85 天、112 天、52 天，整体上稍长一些。日东电工的周转期分别为 77 天、61 天、63 天，均短于信越化学工业。虽然所经营的产品也有差异，但可以说信越化学工业以存货资产为中心的营运资本仍有若干压缩余地。

合并现金流量表 金额单位：百万日元

项目	金额	比率 /%
经营活动的现金流量	290,872	100.0
投资活动的现金流量	1,281	0.4
取得有形固定资产和无形固定资产的支出	–134,897	
取得子公司股份	0	
融资活动的现金流量	–37,199	–12.8
支付股息	–49,602	
买回库存股	–19	
合计	254,954	

从合并现金流量表来看，该企业将经营活动的现金流量 2,908 亿日元的近一半，即 1,349 亿日元用于投资设备。 但是，由于定期存款的到期和有价证券的出售，包括这些在内的投资活动产生的现金流量合计约为 13 亿日元，略有增加。另外，在融资活动中，使用经营活动现金流量的 13% 左右配息配股。虽然如上所述，投资活动是正向的，但从内容来看，这是处于稳定阶段的企业的典型模式。

另外，5 年内营业收入的年平均增长率（CAGR）为 3.4%，并不是很高。但是，与日东电工引进 IFRS 后，从 2015 年 3 月开始的 3 年间的 CAGR 0.8% 相比，相对确保了较高的水准。

分部报表

金额单位：百万日元

项目	营业收入	分部利润	分部利润率 /%
聚氯乙烯	414,458	53,186	12.8
聚烃硅氧	185,318	42,549	23.0
机能性化学品	121,998	22,233	18.2
半导体硅	252,614	55,991	22.2
电子・机能材料	194,493	55,209	28.4
加工・商事・技术服务	177,743	9,584	5.4
调整金额	–109,221	–138	0.1
合并金额	1,237,405	238,617	19.3

所在地	营业收入	比率 /%	有形固定资产	比率 /%
日本	342,002	27.6	253,904	30.0
美国	275,033	22.2	456,093	53.9
其他	620,370	50.2	136,572	16.1
合计	1,237,405	100.0	846,570	100.0

从信越化学工业的分部报表来看，6 个业务分部的市场销售情况差别较大。另外，虽然各部门的利润率有所不同，但整体利润率达到了相当高的水平，可以看出有几项主要支柱业务。另外，日本的海外市场营业收入比率也达到了 72.4%，说明其全球扩张取得了相当大的进展。

再者，从各地的有形固定资产比率来看，日本和美国的比率较高，似乎与各地的业务内容有关，但分布不均，关于设备的全球化扩张分布这一点似乎还有可探讨的空间。

关于这一点，日东电工在信息功能材料等光学电子，黏合及保护材料、汽车零部件等工业胶带业务”方面的营业收入较高，这些材料确保了约 10% 的营业利润率。另外，营业利润率高的医疗材料等生命科学方面的材料的营业收入规模小，但从利润方面来说，三个项目中的每一项都是收入的支柱来源。另外，日本的海外市场营业收入比率约为 73%，以亚洲、大洋洲为中心的全球化扩张正在进行。

那么，让我们比较一下信越化学工业和日东电工的 ROE 吧！

ROE= 净利率 × 总资产周转率 × 财务杠杆

信越化学工业（2017 年 3 月）

8.2% ＝ 14.2% × 47% × 125%

日东电工（2017 年 3 月期）

9.7% ＝ 8.3% × 87% × 135%

两家公司的 ROE 都处于日本上市公司的平均水平。但是，两家公司的净利率都很高，其中信越化学工业高得尤为突出。这被认为是信越化学工业以营业费用和一般管理费为中心、彻底实行成本削减的结果。

另外，信越化学工业的总资产周转率相当低。这与信越化学工业拥有占资产 35.4% 的金融资产有很大关系。从资产中除去该金融资产，计算出的总资产周转率为 73% 左右，可以说这个数据更能体现其实力。

但是，总资产周转率之所以低于制造业一般水平 100% 的主要理由是营运资本的周转期稍长，以及因从事设备投资相关的业务而导致有形固定资产比率略高等。

另外，日东电工的金融资产（占资产的 31.9%）也较多，剔除金融资产得出的总资产周转率相当高，达到 128%。即使以剔除金融资产的基准来看，日东电工的总资产周转率也更高的原因是日东电工的营运资本周转期较短；而且，有形固定资产与营业收入的比率相当低。这意味着，日东电工更能够利用精简的设备开展业务。

财务杠杆方面，两家公司基本上都是实际无债务的情况，而且银行借款和公司债券本身的比率也非常低。

参考文献

・西山茂（2009）『戦略管理会計改訂 2 版』ダイヤモンド社.

西山茂（2009）《战略管理会计改订 2 版》钻石社。

・西山茂（2010）『イノベーションを活性化させる経営管理システム－3M とグーグルの研究開発部門を比較しながら』『早稲田国際経営研究』早稲田大学 WBS 研究センター、第 41 号、pp.15–28.

西山茂（2010）《活化创新性经营管理系统—比较 3M 与谷歌的研究开发部门》《早稲田国际经营研究》早稲田大学 WBS 研究中心，第 41 号，pp.15–28。

・『信越化学工業　少数精鋭の徹底で世界一を実現、金川経営の神髄』信越化学工業　代表取締役会長　金川千尋

《信越化学工业以彻底精英管理实现世界第一，金川式经营的精髓》信越化学工业董事长金川千寻 。

・『ポーター賞　受賞企業　事業部レポート　星野リゾート』

《波特奖获奖公司的事业部报告星野度假村》。

・有価証券報告書（信越化学工業（株）、日東電工（株））

有价证券报告书 [信越化学工业（株）、日东电工（株）]。

・信越化学工業（株）ホームページ

信越化学工业（株）官方网页。

・日東電工（株）**ホームページ**

日东电工（株）官方网页 。

・（株）星野**リゾートホームページ**

（株）星野度假村官方网页。

第7章

所谓“浪费”的思考方式

将业务退出市场、将库存报废真的是损失吗

在日常商业活动中，经常使用“浪费”之类的词汇，如“因为太浪费了，所以要小心使用”“太浪费了，所以要尽量多使用某些东西”等。实际上，人们也从“浪费”的思维方式出发，采取了各种措施。例如，使用复印纸的背面、将使用完毕的信封在公司内多次使用等。

的确，从降低商业成本、保护环境的角度来看，具有“浪费”的意识非常重要。但是，应该如何看待裁撤业务，中止已经投资的项目，清理库存等情况呢？原本具有正面含义的“浪费”思维，又该怎么做才能恰当地融入商业呢？

FAST RETAIL-DRS（迅销）公司在思考“浪费”后的战略性撤退

以优衣库著称的迅销公司，因 Fleece 刷毛热潮在 2001 年 8 月（营业收入为 4,185 亿日元，营业利润为 1,020 亿日元）获得最大利润。大约一年后，即 2002 年 9 月，成立了食品公司 FR FOODS，进军食品行业。这项新业务的目的是运用从生产到销售一体化的优衣库商业模式，向消费者提供安全、高品质的食材。当时发生了牛海绵状脑病、口蹄疫等疫病以及畜产品的造假标识等事件，消费者对食品安全的关

注度提高，故迅销公司认为安全，高品质也符合时代的需求。

具体来说，迅销与以大幅度提高农作物糖度和营养价值而闻名的永田农业研究所合作，推出了 SKIP 品牌，开始销售蔬菜和水果。2002 年 11 月开始实行会员制以及网络销售；2003 年 5 月在松屋银座开店，同年 7 月开设街边店铺并扩大业务，以扩大营业收入和建立利润基础为目标。

然而，尽管在截至 2003 年 8 月（即推出的第一年）的会计年度营业收入达到 65,400 万日元，其之后并没有按计划增长，最终迅销于 2004 年 3 月对 FR FOODS 公司做出了解散决议，让其于 2004 年 4 月结束营业。

该公司就业务撤退的解释是："配送到家的业务没有发展到预期水平，也没有解决种植合同上提到的困难。" 确实，从 2004 年 8 月的营业收入 104,600 万日元和采购额 91,700 万日元的进货成本来类推，成本率似乎达到了 90%，处于初创时期却要报废不少产品，其经营可想而知是很艰难的。并且，在 2004 年 8 月的会计年度中，该公司以食品业损失认定 "附属公司的清算损失" 为 104,100 万日元。

像这样，在创立后约一年半的时间里，预先看出业务前景，并迅速做出撤退业务的决策，可以认为是以企业所有者兼经营者柳井正为中心的经营团队在考虑到公司的将来，并且基于健全的"浪费"意识所做出的决定。

常识 42 “浪费”的含义

▷ “浪费”有“用更少的成本和物资做同样的事情”与“用同样的成本和物资做更多的事情”两层含义。

以商业的角度重新思考“浪费”这个词，主要有两层含义。第一是“尽可能用最少的成本和物资实现相同的目标”，第二是“在使用相同的成本和物资的前提下，尽量完成更多的事情”。

常识 43 实现“用更少的成本和物资来做同样的事情”

▷ 想要用更少的成本和物资来做同样的事情，可以采用的方针之一是外包。这对于具有较强自主性的日本企业来说是一个非常具有挑战性的选择。但是，必须要注意外包业务内容的选择、外包方的管理和评价体制、外包方的内部控制管理及经营方针等。

从“用尽可能少的成本和物资达成目标”的角度来思考“浪费”。其中，以用更少的成本来处理同样的事情这一点，对于很多企业，特别是以成本竞争业务为中心的企业而言都是重要的观点。但是，由于这一点与第 6 章中提到的“削减成本”的内容相重合，因此在这里仅针对使用更少的物资来做同样的事情这一点举例。

从用更少的物资完成同样的事情的观点来看，可以考虑将在公司内部进行的业务外包给外部企业。这很可能降低成本，并且通过将成本转化为变动费用以抑制利润的波动并降低风险。

具体来说，如果将物流、会计处理、工资计算、客服中心等相对标准化的业务委托给专门从事此类业务的企业，一般比在公司内部执行的效率高，更可能降低成本。

另外，如果将外包业务费用的合同转为根据委托的业务量支付费用的形式，即变动费用的形式，就可以将原本在公司内部发生的人事物相关的固定费用转成变动费用。其结果是减少了即使营业收入降低也无法削减的固定费用，而相对地增加了随着营业收入的降低而减少的变动费用，因此转化为了即使营业收入降低，也不太会出现赤字的成本结构。这样，即使营业收入发生变化，利润也不会有太大的变化，能构建利润风险较低的利润成本结构（参照常识 22）。

另外，一般而言，日本企业与欧美的优良企业相比，似乎更倾向于将许多业务留在公司内部执行。在这方面，日本企业有很大的空间来利用具有这些优点的外包。

但是，使用外包业务有几个需要注意的地方。

第一是外包业务的选择。当然，从竞争优势的角度来看，将原本在公司内部执行的重要业务外包给外包商时，应该慎重考虑。例如，如果在制造方法上有特别技术的企业将制造业务外包，该技术就有可能流失到外部，而且很难被进一步完善。

第二，如果将某项业务全部外包，公司内就没有精通该业务的负责人，可能造成对外包方的管理和评价上的困难。如果是标准化的简单作业，一般没有太大问题。但是在公司相对重要的业务被外包的情况下，如果无法有效管理和评价外包方，可能会导致成本的提高，甚至导致企业失去竞争力。

因此，在以合同方式明确外包的业务内容及对外包方业务水准要求的同时，在公司内也需要有能够对其进行管理及评价的负责人。若有执行上的困难，寻求外部的专业人士来进行评价也是相当重要的。某精密机器制造商基本在公司内部进行开发、设计和销售，而外包了产品的制造业务。但为了持续掌握降低成本的要点，确保质量，其在公司内制作迷你生产线进行试制造。这样的体制也可作为一种选项。

第三，最近经常成为话题的内部控制和治理的问题。关于外包方造成的纠纷，对其委托企业追究责任的倾向越来越明显。从这个意义上讲，认真、谨慎地进行外包方的挑选和管理非常重要，外包的好处及需要注意之处如图 7–1 所示。

好处	需要注意之处
☑ 节约潜在的成本	1 具有竞争优势的业务不应被列为外包对象
☑ 将固定费用转变为变动费用	2 建立管理和评估外包方的机制
	3 建立良好的内部治理体系

图 7-1 外包的好处及需要注意之处

常识44 实现“用同样的成本和物资做更多的事情”

▷ 用同样的成本和物资做更多的事情这样的观点也很重要，但是尽可能地测量最终效果，根据效果适当地分配成本和物资也是很重要的。

“用同样的成本和物资做更多的事情”旨在花费一定的成本而产生更大的效果。这对于研发费用、促销费用、广告宣传费用等费用的管理是很重要的。此类成本是与新产品的开发和营业收入的增加等紧密关联的成本，但一般而言很难测量其效果。

然而，在研究和开发方面，必须明确研究主题的方向性，选择研究主题，并且使用闸门管理等进行研究进度的管理，增强使用效果。

其中，闸门管理是指在持续研究开发和商业化等重要进入环节设置几道管控的闸门，根据技术上的可实现性、市场规模、与竞争企业相比的差异化优势等条件来决定该研发项目是否能进入下一阶段。

另外，关于促销费用和广告宣传费用，建议尽可能跟踪测量顾客的认知度、好感度、实际购买率等，以提高其使用效果。

常识45 不要被已经消耗的沉没成本困住

▷ 如果因为害怕浪费，强行完成正在建设中的设备，反而有可能增加损失。对于无法掌握前景或不乐观的业务以及正在建设中的设备，不管到目前为止花了多少成本，最好将中止建设、做废弃处置的情况与完成后使用的情况相比较，选择获利情况较好的一方。对闲置资产，也应该将出售的情况和加以运用的情况进行比较，选择赚得更多的一方。

当考虑要设立的新业务和正在扩张的业务的前景变得不明朗时，是否应该为该业务完成正在建设中的设备？这是一项恼人的难题。

放任修建到半路的设备不管，一般来说是很浪费的。但是，如果在开始投资设备后，由于经济恶化等，导致几乎没有机会使用该设备，那么中止建设也是一种选择。也就是说，在考虑是继续还是中止的时候，需要对在该时间点以后继续建设的情况和中止建设的情况进行比较，判断哪一种选择更好。

当然，如果业务发展情况良好、设备有充分的使用空间，继续进行建设基本上没有问题。但是，在经济恶化或出现很多竞争产品的情况下，很难判断正在建设中的设备能在何种程度上发挥作用。

是中止建设、废弃设备，还是继续建设，完成后再考虑如何使用？

在这种情况下，觉得扔掉太浪费的心情是不容忽视的。但是，因为太浪费而先完成再勉强使用，是一种危险的思维方式。因为如果你试图强行完成并强行使用它，继续投资或继续利用设备的成本可能更高，比起直接报废，损失可能更大。

在这种情况下，投入建设到一半的设备的资金已经无法收回，因而原则上不能列入我们考虑的范围内。确实，舍弃建设到中途的设备很难，但为了避免因为完成几乎无法使用的东西而造成更多浪费，必须根据未来发展前景做出判断。

对建设中的设备已投入的资金暂且不论，考虑到今后的发展，有必要将中止建设的情况与继续完成建设的情况进行比较，从哪一方损失较少或者利润较多的角度来考虑。

另外，在这种情况下，对建设中的设备已经投入的成本称为沉没成本（埋没成本）。也就是说，无论是中止还是完成后利用，无论选择哪一项都是（已经花费的）不变的成本，此时无论选择哪一个都对它没有影响，即这项成本是从选择中沉没下去、不被考虑的成本。

一般情况下，做出扔掉或放弃的选择总会有一种浪费的感觉。但是，对于已经投资过的东西，如果现在不能取消它，那就把它视为沉没成本。考虑到今后的得失，不能因为浪费而强行使用它，这反而会造成更多的浪费。正如日语中“断念千两”（在损失少的时候及时放弃有千两的价值）这一说法，在无法预见未来的情况下中途放弃也是一种选择。

常识 46　如何处理闲置设备和滞销库存

▷ 有人认为舍弃可以使用而且能够销售的东西是浪费的，对环境也没有好处。但是，从经济的角度来看，一旦持有就会产生保管成本和管理成本等。因此，应该将持有的情况和废弃的情况进行比较，从哪个情况更理想来判断。另外，建立减少闲置设备和滞销库存的机制也很重要。

有时会遇到不知道该如何处理闲置的设备以及销路不好的库存的情况。扔掉可以使用而且能够销售的东西会有一种内疚感。在这种情况下，从浪费的角度来思考，最好考虑不丢弃它而是尽量销售，这种做法也是比较环保的。

但是，对于没有太多使用空间的设备和难以出售的库存，仅持有也要花费相当高的保管成本及管理成本。因此，以实际使用上的需求及销售前景为基准，考虑不报废而持续持有的情况和报废的情况，比较哪一方损失较少。如果报废损失较少，则有必要认真地考虑报废。另外，还可以捐赠给非营利组织（Non-profit Organization，NPO）和新兴国家的组织等。丢弃和捐赠可以削减保管成本、管理成本，而且会产生节税的效果。

最近，有一个形容个人的整理技巧的词叫作断舍离。提出这个词语的山下英子表示，放弃对事物的执着是其本质。虽然个人和企业不同，但企业也应当冷静地判断，避免过分执着于事物。

另外，与品牌、业务技巧、技术、人力、客户关系等无形资产的重要性相比，这些物资的重要性便相对降低。从这个意义上讲，制造业的企业在内部进行产品规划和研究开发，委托外部的企业制造和销售，实现不拥有工厂和物流网的“不拥有的经营”，通过与外部企业的合作和向外部企业外包，摆脱过度的独立主义是一种选择。

此外，建立起不会产生闲置设备和滞销库存的机制和系统也很重要。

根据这样的方针，可消除对“浪费”这个词的误解，并且更可能朝向共享经济等环保方向前进。如此想来，这可以说是真正意义上防止“浪费”的一条路。

常识 47　提高运转率的盲点

▷ 考虑到“浪费”，在降低成本（主要是固定成本）方面，提高有使用空间的设备的运转率有很大的好处。但是，必须注意不要因过度重视运转率而过度生产，也不要因过度承接外包而影响自家产品的制造。

为了提高生产设备的运转率而扩大生产量，能够通过削减每件产品的固定成本来降低成本，并有利于提高业绩。但是，如果生产的东西卖不出去，就会变成不良库存。如果仅仅是因为还有富余的生产空间而大量生产，也就是没有销售预期而大量生产，可能导致该产品无法出售，反而造成大幅度降价或因报废产生极大损失的情况。也就是说，虽然“让设备闲置太浪费”，但制造出卖不出去的东西反而更浪费。

另外，与此类似，如果让厂长达到“彻底降低成本”的目标，有时会产生问题。换句话说，降低成本的方法之一是通过大量制造削减每件产品的固定成本，这是大规模生产的情况。当然，制造卖得出去的东西是没有问题的。但是，如果为了降低成本而大量制造卖不出去的东西，最终会为了处理剩下的东西大幅度降价或报废，造成很大的损失。

如上所述，提高设备运转率，有必要在确认制造的产品能否畅销、是否能达到收益效果之后，再付诸实行。

此外，设备有生产空间时，也可以承接其他公司外包的产品。好处是可以额外提高营业收入，同时也有助于减轻每个产品的固定成本负担。

但是，在这种情况下，承接的其他公司外包的产品有时会成为本公司产品的竞争产品。另外，一旦决定长期承接外包，有时会造成想要增加本公司的产量却无法做到的情况。这样的话，反而弊大于利。

这样，在受托生产的情况下，重要的是在承接之前先衡量制造产品的内容和本公司的生产计划，提高运转率的注意事项如图 7-2 所示。

大量制造的情况 ⟶ 是否有需求？

承接外包的情况 ⟶ 是否会成为竞争产品？
是否会成为扩大本公司产量的制约因素？

图 7-2 提高运转率的注意事项

常识 48 “能卖尽量卖”的盲点

▷ 尽可能地增加销售量，从扩大营业收入的角度来说一般是好的。但是，如果你试图做到“能卖尽量卖”，反而会导致该产品和商品的稀少价值下降，从而造成人气低落。或者为了多卖一点而持有大量的库存，反而造成商品的新鲜度下降。

在有提高营业收入的空间时，因为怕浪费所以能卖尽量卖，这也是扩大营业收入和利润的选择。但是这种情况也有需要注意之处。例如，为了提高营业收入而不顾一切地不断大量制造产品，可能造成囤积库存，反而有可能降低商品的人气或导致店内商品的新鲜度下降。

实际上，某玩具厂商在出现大热商品时，通过调整出货量，刻意制造出在玩具店很难买到该商品的状况，成功地维持了商品的人气。另外，某食品厂商为了维持冰激凌甜筒的脆度，强调新鲜度，特意调整生产和出货，使其在店内呈现稍有脱销的迹象，以避免囤积库存，努力使商品在口感良好的状态下被送达顾客。

像这样，重视维持人气和商品的新鲜度，不过度拘泥于大量销售也是一种选择。

常识49　共享服务中外部销售的注意点

▷ 对于集中企业内部业务提高效率的共享服务，不应过度重视向外部企业提供该服务以扩大营业收入。这是因为外部顾客的订单增加，反而有可能无法达到当初想通过业务效率化而削减成本的目的。

为了提高效率，将母公司业务包给子公司等机构时，也有需要注意之处。如果把本企业内部研发的特有技术提供给外部企业，从外部赚取利润，的确可能使营业收入和利润扩大。

但是，如果过于重视向外部企业提供服务，尽可能满足外部企业的要求，可能会使原本想要通过这种服务提高效率从而降低成本的目的减弱，导致成本的提高。

像这样，“不要白白浪费提高营业收入的机会”的想法要特别注意。过分追求营业收入，反而有可能造成中长期利润的减少。

FAST RETAIL-DRS（迅销）公司的财务报表分析

合并损益表

金额单位：百万日元

项目	金额	比率/%
营业收入	1,861,917	100.0
营业成本	952,667	51.2
营业毛利	909,249	48.8
营业费用和一般管理费	725,215	38.9
广告宣传费用	70,937	3.8
人事费用	252,520	13.6
设备相关费用	213,722	11.5
其他收入	6,947	0.4
其他费用	14,567	0.8
营业利润	176,414	9.5
金融收益	19,917	1.1
金融费用	2,932	0.2
税前利润	193,398	10.4
所得税费用	74,118	4.0
本期净利润	119,280	6.4

从 FAST RETAIL-DRS 的合并损益表来看，其营业收入在日本服装行业中为最高，达到 18,619 亿日元，是业界第 2 位的思梦乐（Shimamura）的 5,655 亿日元（2017 年 2 月）的 3 倍以上。另外，营业毛利率高达 48.8%（以零售为基础的思梦乐为 33.2%）。这是以成本较低的服装业务为基础的，此外，也是因为采用了被称为制造零售的 SPA（Speciality Store Retailer of Private Label Apparel，自有品牌服装专业零售商），即执行了从产品的策划到制造，再到店面销售等一体化商业模式的缘故。

另外，营业利润率也有 9.5%（思梦乐为 8.6%），在服装制造零售业界公司中处于较高水平。但是，与 2010 年 8 月的 16.2% 相比，处于较低的水平，在有能力进一步提高的同时，如何重返该水平，可以说是迅销公司的一个课题。

另外，从营业费用和一般管理费的详细情况来看，由于是零售业，广告宣传费用为 3.8%（思梦乐为 2.5%），使用了一定的资金。但是，人事费用为 13.6%（思梦乐为 9.5%），店铺等设备相关费用 11.5%（思梦乐为 5.4%）。与思梦乐相比，这是由于迅销公司在大都市圈的便利性较高地区有多家店铺，因此花费了较多的成本。另外，由于采用 IFRS 的关系，店铺等减值损失包含在其他费用中，对营业利润产生了影响。

由于存在外汇汇兑收益等，金融收益有所增加。本期净利润率扣除约 40% 的所得税费用后为 6.4%。

合并资产负债表　　金额单位：百万日元

项目	金额	比率/%	项目	金额	比率/%
流动资产	1,077,598	77.6	流动负债	311,421	22.4
金融资产	720,497	51.9	应付账款	204,008	14.7
应收账款	48,598	3.5	银行借款和公司债券	17,927	1.3
存货资产	289,675	20.9	非流动负债	315,022	22.7
非流动资产	310,888	22.4	银行借款和公司债券	273,467	19.7
有形固定资产	136,979	9.9	负债合计	626,443	45.1
无形固定资产	52,780	3.8	净资产	762,043	54.9
投资及其他资产	121,126	8.7	留存收益	698,584	50.3
资产合计	1,388,486	100.0	负债与净资产合计	1,388,486	100.0

从合并资产负债表来看，流动资产中的金融资产占资产整体的51.9%（思梦乐为39.8%），而银行借款和公司债券只占整体的21%（思梦乐为0%），比率较低，实质上处于无借款的状况。而且，净资产为54.9%（思梦乐为87.3%），远远高于一般公司的30% ~ 40%，财务安全性处于相当高的水平。另外，思梦乐的财务安全性也很高。

从资产的详细情况来看，如前所述，虽然金融资产比较多，但由于是以现金交易为基础的零售业，因此应收账款只有3.5%。另外，由于采用了SPA模式，即执行从产品的策划到制造，再到在店铺的销售，一体化的商业模式，因此存货资产为20.9%，持有一定的库存。其结果是，由于金融资产和存货资产较多，流动资产为77.6%（思梦乐为54.8%），约占资产整体的80%。

另外，有形固定资产为9.9%（思梦乐为34.5%），相当少。这表示公司在采取SPA模式的同时，也实行将制造外包给合作工厂、物流也委托给外部的“不持有经营”策略。无形固定资产所占比率较小，仅为3.8%（思梦乐为0.3%），虽然过去进行过对美国服装企业希尔瑞（Theory）等的收购，但从企业规模来看，似乎没有进行过太大规模的企业收购。

另外，投资及其他资产为8.7%（思梦乐为10.5%），比率并不高。这种倾向与思梦乐类似，但由于迅销公司店铺分布以地方和郊外为中心，因此有形固定资产的所占比率稍微高一点。

营运资本的周转期

项目	天数
应收账款的周转期	10
存货资产的周转期	111
应付账款的周转期	78

从营运资本来看，如上所述，应收账款为 3.5%，存货资产为 20.9%，应付账款为 14.7%，应收账款较少。另外，从周转期来看分别为 10 天、111 天、78 天，由于是以现金交易为基础的零售业，因此应收账款的周转期相当短。再者，思梦乐的周转期分别为 2 天、44 天、18 天，整体上相当短。应收账款周转期短是零售业的特征，但存货资产有很大差异的原因是迅销公司采用了 SPA 模式这一制造零售商业模式，所以比采用一般零售业模式的思梦乐周转期要长。

另外，应付账款的周转期也有差异，这是由于以采购原物料（布料）再进行产品制造的 FAST RETAIL-DRS 公司，与直接购买产成品再进行销售的思梦乐之间存在着供应商、交易条件等差异。然而，在减少存货资产和预付账款来确保利益方面，可以说思梦乐处于优势地位。

合并现金流量表　　金额单位：百万日元

项目	金额	比率 /%
经营活动的现金流量	212,168	100.0
投资活动的现金流量	122,790	57.9
定期存款的减少	168,337	
取得有形、无形固定资产的支出	–33,600	
取得子公司股份	0	
融资活动的现金流量	–50,836	–24.0

续表

项目	金额	比率 /%
支付股息	–34,671	
买回库存股	0	
合计	284,122	

从合并现金流量表来看，来自经营活动的现金流量为约 2,122 亿日元，赚了相当多的钱。因取消定期存款有 1,683 亿日元的关系，投资活动的现金流量约为 1,228 亿日元。但是，作为与业务关联的投资，投入了 336 亿日元在设备投资上，约占经营活动现金流量的 15%，与收益相比，这个时期投资较少。另外，在融资活动中，以分红的约 347 亿日元为主，使用了约 508 亿日元，虽然取消了定期存款，但除此之外，实际上是处于稳定阶段的企业的典型模式。

另外，将会计标准变更为 IFRS 后，营业收入的 4 年间的年平均增长率为 13%，以日本的海外市场中优衣库业务（4 年间的 CAGR 为 29.6%）、全球品牌业务（4 年间的 CAGR 为 13.3%）为主，确保了较高的增长率。另外，日本优衣库业务（4 年间的 CAGR 为 4.4%）也在少子化与高龄化的情况下确保了正增长率。这略高于以日本市场为中心开展业务的思梦乐的 4 年间的 CAGR 为 3.5%，意味着其在日本市场上也有相当不错的竞争力。但是，为了今后的持续增长，似乎有必要加快实现将 EC（Electronic Commerce，使用互联网销售）销售比率提高到 30% 的目标。

分部报表　　金额单位：百万日元

项目	营业收入	营业利润	营业利率 /%
日本优衣库业务	810,734	95,914	11.8
日本的海外市场中优衣库业务	708,171	73,143	10.3
全球品牌业务	340,143	14,043	4.1
其他	2,868	285	9.9
调整额	0	–6,972	–
合计	1,861,917	176,414	9.5

从分部报表来看，思梦乐在日本的海外市场中营业收入仅为 1.1% 的情况下，FAST RETAIL-DRS 在日本的海外市场中优衣库业务的营业收入在亚洲、大洋洲、欧洲等地却都在增长，扩大到了日本优衣库业务营业收入的约 90% 的规模，营业利润率也达到了与其势均力敌的水平。 但是，虽然全球品牌业务（GU、Theory 等）在增长，但营业利润率却不到日本及日本的海外市场中优衣库业务的一半，其盈利能力的改善也将成为重点。

那么，让我们比较一下 FAST RETAIL-DRS 和思梦乐的 ROE 吧。

ROE= 净利率 × 总资产周转率 × 财务杠杆

FAST RETAIL-DRS（2017 年 8 月）

16.3% ＝ 6.4% × 134% × 190%

思梦乐（2017 年 2 月）

9.9% = 5.8% × 149% × 115%

由此可知，FAST RETAIL-DRS 的 ROE 比日本公开上市企业的平均水平要高得多。从杜邦方程式的分解结果来看，两家公司的本期营业收入净利率都较高，为 6.4% 和 5.8%，但 FAST RETAIL-DRS 略高一些。

两家公司的总资产周转率都较高，为 134% 和 149%。但是，考虑到 FAST RETAIL-DRS 的资产中约 50% 是金融资产，而思梦乐资产中约 40% 是金融资产，两家公司在实际用于业务的资产基础上计算的总资产周转率都在 250% 左右，与在大规模零售业中较为常见的 150% ~ 250% 相比处于较高水平。

这是因为 FAST RETAIL-DRS 在采用 SPA 这一商业模式的同时，通过外包制造和物流来压缩有形固定资产等，采用了“不持有经营”的方针。

而思梦乐以降价和店铺间库存调度等方式压缩库存，并将店铺建筑物等的设计效率化，从而压缩有形固定资产。

财务杠杆方面，由于 FAST RETAIL-DRS 的银行借款和公司债券比较少，思梦乐几乎没有银行借款和公司债券，两家公司实际上都是无借款经营，因此大大低于一般业务公司 300% 左右的平均水平，财务安全性非常高。

参考文献

· 西山茂（2009）『戦略管理会計改訂 2 版』**ダイヤモンド**社.

西山茂（2009）《战略管理会计改订 2 版》钻石社。

·「断捨離　**やましたひでこ**　公式**サイト**」

断舍离日本官方网站。

· 有価証券報告書（（株）**ファーストリテイリング**、（株）**しまむら**）

有价证券报告书 [（株） FAST RETAIL-DRS 迅销公司、（株）思梦乐（Shimamura）]。

· 事業報告書（（株）**ファーストリテイリング**）

事业报告书 [（株） FAST RETAIL-DRS 迅销公司]。

·（株）**ファーストリテイリングホームページ**

（株）FAST RETAIL-DRS 迅销公司官方网页。

·（株）**しまむらホームページ**

（株）思梦乐（Shimamura）官方网页。

· 健菜**クラブホームページ**

健菜俱乐部官方网页。

第8章 重视现金流量

现金流量的目标设定与数字运用的重点是什么

"现金流量"这个词在商务中经常被使用，如"重视现金流量""以扩大现金流量为目标""实践现金流量经营管理"等。确实，企业是否破产取决于是否有足够的现金。从这个意义上讲，流动的现金流量如何变动是重要的要点之一。

另外，以股东为首的投资者，以现金流量为基础看待企业利润的倾向很强。从这个意义上讲，为了提高股东的评价，提高股价，增加现金流量是很重要的。

但是，应该如何设定现金流量的目标呢？另外，如何活用现金流量的数据才好呢？

日立制作所设定的以现金流量为基准的财务目标

日立制作所在川村隆、中西宏明的领导下进行了重大改革，克服了金融危机后的业绩不佳，成功地复兴了。在此过程中，日立活用了几个财务目标，其中包括以现金流量为基础的目标。具体是怎样的目标呢？

日立在重大改革时首先设定的是2012年宣布的第一项中期经营计划（2010年5月31日发表）。其中，首先设定了营业收入为

105 000亿日元（2009年度约9万亿日元），营业利润率5%以上（2009年度为2.3%），归属于母公司的本期净利润稳定确保在2,000亿日元左右（2009年度为–1,069亿日元）等与提高营业收入和改善收益相关的目标。此外，还设定了具有强化财务体制作用的D/E比率（意味着借入的DEBT和股东权益的EQUITY的比率，即负债股权比率）为0.8倍以下（2009年度为1.04倍），股东权益比率提高至20%（2009年度为14.4%）的目标。并且，为强化财务机制建设，在压缩总资产、削减有息负债的同时，日立还提出了继续实现自由现金流量盈余的目标。

其中，自由现金流量的持续盈余目标意味着使用业务利润进行投资，并持续产生包括投资在内的业务现金流量。可以认为这是为了在削减有息负债的同时，提高业务利润，抑制投资，确保资金而制定的目标。可以说这是为了实现强化财务机制的具体目标。

另外，业绩恢复后，以2018年度为最终年度的“2018中期经营计划”（2016年5月18日发表）的财务目标又如何呢？在这个目标中，营业收入与2015年度的实际业绩持平，设定为10万亿日元，调整后的营业利润率超过8%（2015年度为6.3%），资产收益率（Return on Assets，ROA）超过5%（2015年度为2.6%），日本的海外市场中营业收入比率超过55%（2015年度为48%），除此之外，还设定了有关现金流量的目标。

注：日立制作所在2014年3月之前以美国会计准则为基础，2015

年 3 月以后以 IFRS 为基础，分别制作了决算书。在美国会计准则和 IFRS 中，包含了几个在按照日本会计准则进行营业利润计算时所不考虑的标准。因此，为了计算与日本会计准则中的营业利润相同的利润，日立制作所计算并公布了经过如下计算而调整的营业利润。

调整后的营业利润 = 营业收入 − 营业成本 − 营业费用和一般管理费

日立制作所财务目标的演变

＊为与加强财务有关的目标，2012年的目标有3个，2015年的目标变为只有1个，2018年则没有。

2012年中期目标（＊为与加强财务有关的目标。不包含2015年、2018年的目标）

	项目	目标
	营业收入	105,000亿日元（2009年度89,685亿日元）
	营业利润率	5%以上（2009年度2.3%）
	归属于母公司的本期净损益	确保稳定在2,000亿日元左右（2009年度-1,069亿日元）
＊	D/E（Debt to Equity Ratio,负债股权比率）	0.8倍以下（2009年度1.04倍）
＊	股东权益比率	20%（2009年度14.4%）
	海外营业收入比率	以提高至50%为目标（2009年度41%）
	国内员工人数	217,000人（2009年度231,000人）
	海外员工人数	161,000人（2009年度129,000人）
＊	自由现金流量	持续盈余

2015年中期目标

	项目	目标
	营业收入	10万亿日元（2012中期3年平均93,490亿日元）
	EBIT	7%以上（2012中期3年平均4.9%）
	归属于母公司股东的本期净利润	3,500亿日元以上（2012中期3年平均2,537亿日元）
	每股母公司股东的本期净利润	70万日元以上（2012中期3年平均55日元）
＊	制造、服务业等股东权益比率	30%以上（2012财年年末23.2%）
	服务业营业收入比率	40%以上（2012财年实际业绩30%以上）
	海外营业收入比率	50%以上（2012年度实际业绩41%）
	国内员工人数	20万人
	海外员工人数	15万人

2018年中期目标	
营业收入	10万亿日元（2015年度实际业绩 10,343亿日元）
调整后的营业利润率	8%以上（2015年实际业绩6.3%）
EBIT	8%以上（2015年实际业绩5.3%）
归属于母公司股东的本期利润	4,000亿日元以上（2015年度实际业绩1,721亿日元）
窗口业务（Front）营业收入所占比率	40%以上（2015年度实际业绩36%）
海外营业收入比率	55%以上（2015年度实际业绩48%）
营业收入比率	9%以上（2015年度实际业绩8.6%）
ROA（资产收益率）	5%以上（2015年度实际业绩2.6%）

注：窗口业务来自开发和提供服务的部门

具体来说，目标是使营业收入比率超过9%（2015年度为8.6%）。该营业收入比率是将经营活动（不包括投资）的现金流量除以营业收入得到的结果。具体来说，就是以现金流量为基础计算的主营业务利润率，也被称为现金流量利润率。

也就是说，财务目标之一是在一定水平上确保投资以外的业务的现金流量收益率，并且没有提出抑制投资的目标。这也符合在成长型业务的投融资总计在3年内实现1万亿日元这一目标。

像这样，在这个阶段，没有像2012年中期目标中设定的“包括抑制投资在内的自由现金流量盈余”这样的语句，而是意识到要通过提高收益率来保证增长所需的现金。

从日立制作所的例子中也可以看出，将现金流的目标作为企业底线的目标是有效的，并且应当根据企业所处的状况区分使用。特别是被一部分企业所使用过的所谓正数的自由现金流量的财务目标，一般而言会被用在必须加强财务的情形中。

常识 50　现金流量是企业活动的客观量尺

▷ 现金流量是指在一段时间，现金流入量和现金流出量的总和，它是一个用于客观表达企业活动的重要指标。

正如“Profit is opinion，cashflow is fact.（利润是主张，现金流量是事实）”这句话所说的那样，利润是一种典型的代表企业获利的要素，在制表时往往会加入与会计准则相关的各种判断，因此会有涉及企业各种相关决策的一面。与利润相对，利润是静态的数字，存在主观色彩，而现金流量是动态的数字，是客观的。

扩大现金流量是很重要的。另外，在观察企业每年的业绩时，关注现金流量的动向，在理解企业实际活动状况方面是很重要的。

常识 51　现金流量表和各现金流动的普遍性倾向

▷ 现金流量表将企业的现金动向分为与业务利润相关的经营活动、与投资相关的投资活动、与资金提供者的往来相关的融资活动三种。

现金流量有多种类型。首先，作为代表性财务报表之一的现金流量表中，统计了三种现金流量，即来自经营活动的现金流量、来自投资活动的现金流量、来自融资活动的现金流量。

其中，来自经营活动的现金流量是指从业务中产生的现金流量。但是，由于设备投资等投资相关的现金流量包含在投资活动的现金流量中，因此在此统计的是除去投资业务成果这一意义上的经营活动现金流量。另外，由于从业务中赚钱的公司较多，因此来自经营活动的现金流量通常是正数。

来自投资活动的现金流量是与设备投资和收购等业务相关的投资，以及购买国债和公司债券等与金融相关的投资现金流量。这里不仅包括设备投资和收购、购买公司债券和国债等现金流出的情况，还包括设备和业务的出售、公司债券和国债的出售等现金流入的情况。另外，投资活动产生的现金流量一般来自投资，现金流出的情况较多，所以通常为负数。

最后是融资活动的现金流量。这是与设备投资和收购等业务相关的投资，或者银行和公司债券的持有者等借款给企业的债权人之间的现金交易相关的现金流量。

具体来说，与股东之间，企业有配股配息与买回库存股等现金的流出，以及企业现金流入的增资。与银行和公司债券的持有者之间，企业有偿还借款和偿还公司债券的现金流出；反之，企业有增加银行借款和发行公司债券等活动的现金流入。

一般来说，融资活动的现金流量根据企业的成长阶段有所不同，有时是正数，有时是负数。通常，在处于稳定期的情况下，通过经营活动赚取的收入很多，也没有必要在投资活动中投入太多资金，因此资金充裕的倾向很强。因此，在融资活动中，企业倾向于将现金用于分红和买回库存股，以及偿还银行借款和公司债券，现金流出的倾向较强，所以容易出现负增长。另外，如果企业处于成长阶段，即使可以通过经营活动赚钱，但为了发展，在投资活动中进行大量投资的情况往往较多，资金不足的倾向较强。因此，在融资活动中，以增资、借款的增加或公司债券的发行等形式流入现金的情况较多，结果往往为正数。这样，融资活动的现金流量在稳定期为负、增长期为正的倾向较为明显，现金流趋势和公司状况如图 8-1 所示。

经营活动产生的现金流量……通过业务赚取的现金流量通常为正

投资活动产生的现金流量……与业务和财务投资相关的现金流量通常为负

融资活动产生的现金流量……公司和资金提供者（股东和债权人）交易相关的现金流量根据成长阶段的不同，正负也会发生变化

	安定期	成长期	风险期
经营活动	＋＋	＋	＋
投资活动	－	－－	0 或＋
融资活动	－ （分红或买回库存股）	＋ （增资或增加债务）	－－ （压缩债务）

图 8-1 现金流趋势和公司状况

常识 52　公司经营的现金流量中体现的企业危机

▷ 经营活动的现金流量为负数时，往往代表着企业处于危机状况。

一般而言，经营活动的现金流量为负数时，表明企业处于比本期净利润为负更严峻的状况，需要特别注意。这是因为经营活动产生的现金流量，是以所得税调整前的本期净利润（在日本的海外市场中是本期净利润）为开端，加上当年年末用现金支付的折旧费用（扣除）的合计数值。因为许多企业的折旧费用通常都是相当大的金额，因此一般情况下，经营活动产生的现金流量比所得税调整前本期净利润（或者本期净利润）要大得多。

也就是说，经营活动的现金流量为负的情况，是指在利润基准下加上折旧费用但结果仍然是负数，这意味着情况比扣除折旧费用后计算出的净利润为负还要严重得多。

举例来说，曾经一度陷入重大经营危机，通过鸿海科技集团的出资（2016 年 8 月）而复活的夏普，其经营危机时期的利润和经营活动的现金流量状况如下表所示。

夏普的财务数值（百万日元）

	税前本期净利润	归属于母公司股东的本期净利润	经营活动产生的现金流量
2013年3月期	-206,488	-545,347	-81,075
2014年3月期	53,277	11,559	198,984
2015年3月期	-96,526	-222,347	17,339
2016年3月期	-192,460	-255,972	-18,866
2017年3月期	25,070	-24,877	127,231

从该表的数字可以看出，夏普的经营活动的现金流量在 5 年内都高于归属于母公司股东的本期净利润和营业净利润。另外，2013 年 3 月、2016 年 3 月的经营活动的现金流量为负，这是因为无法从业务中获得现金，完全没有余力完成投资活动的现金流量中所包含的各种投资以及偿还融资活动的现金流量中所包含的借款和公司债券。这意味着该公司处于相当严峻的状况。

这样，来自经营活动的现金流量呈现负数时，其财务状况比本期净利润亏损时更差，这代表着企业处于危机状况，因此需要格外注意。

但是，作为例外，成长期企业的经营活动的现金流量为负不一定有问题。这是因为在提高营业收入和利润的过程中，应收账款和存货资产等营运资本增加，经营活动产生的现金流量有时会减少。在这种情况下，如果能够通过融资活动的现金流量中所包含的借款和增资来弥补其负面影响，就没有问题了。

常识 53 自由现金流量是分配给股东和债权人的

▷ 自由现金流量是可以自由使用的现金流量，具体是指可以自由分配给股东和债权人等的现金流量。一般希望稳定期和重组期的自由现金流量是正数，但成长期可以是负数。另外，在实际的计算中有多种思考方法，比如应该包含多少投资等。

除现金流量表中统计的三种现金流量以外，还有所谓的“自由现金流量”。其原本意味着可以自由使用的现金流量。但是，具体来说，其意味着可以自由分配给向企业出资的股东、银行或公司债券持有者等债权人的现金流量。

另一种说法是，通过主业获利，投资后剩下的现金流量，可以作为分红和偿还借款的资金分配给股东和债权人。因此，包括投资在内的业务所能够产生的现金流量就是自由现金流量。

自由现金流量在企业稳定期和结构调整期最好是正数。因为如果为正，就可以确保回馈给股东的资金，以及在重组期间偿还借款和公司债券的偿还原资产。另外，成长期即使为负数也没关系。因为也有必须投入获利水平以上的资金才能成长的例子。总之，自由现金流量是正的好还是负的好，还是取决于每个企业的具体情况。

另外，关于计算自由现金流量时的投资范围，有两种思考方式。

一种方式是包括当年所有与业务相关的投资，另一种是仅包括维持现状所需的投资。

前者的意思是，自由现金流量是在进行所有投资之后，从业务中产生的现金流量。

后者只将维持现状的投资包含在自由现金流量中，因此，自由现金流量的使用方式，不仅以偿还债务、回馈股东等方式分配给资金提供者，还包括扩大业务范围的投资。换句话说，这意味着在继续保持现在的业务状况的情况下，从业务中产生的现金流量可作为扩大投资、偿还借款和回馈股东的现金流量。

这并不意味着哪一种思维方式是正确的，只要根据情况区分使用就可以了。

另外，在现金流量表中，有时会将来自经营活动的现金流量和来自投资活动的现金流量这二者合起来计算。日立制作所是统计这些数据的其中一家公司。然而，考虑到投资活动中也包括与财务相关的投资，有人认为，就业务中产生的现金流量而言，将投资活动产生的现金流量中与业务相关的投资部分与经营活动中产生的现金流量合计起来比较好。

常识 54　企业及企业价值的评价与现金流量

▷ 自由现金流量是衡量业务和企业价值的尺度。当投资者评估业务和企业时，对未来自由现金流量的预测是评价的基础。

在业务投资计划中评估自由现金流量时，经常使用的 NPV 法和 IRR 法，以及作为评价企业价值和股价的代表性方法之一的 DCF 方法，这些方法经常被作为预测未来从业务中获益的基准。

此外，这里所说的 NPV（Net Present Value，净现值）法是基于当前价值能获利多少，也就是以获利的金额为基础进行评价的方法。IRR（Internal Rate of Return，内部收益率）法是根据每年的平均收益率，以投资效益高低来进行评价的方法。而 DCF（Discounted Cash Flow，现金流量贴现）法是将企业将来从业务中产生的自由现金流量还原为现在价值的方法。

在所有这些方法中使用的自由现金流量，包括从业务中产生的现金流量和从投资中产生的现金流量。

但是，在这种情况下使用的自由现金流量，正是就业务中产生的现金流量的意义而言的，从营业利润开始计算，或者扣除与该业务相关的投资等，进行相当严密的统计。这与将来自经营活动的现金流量和来自投资活动的现金流量相加得出的总和有所不同。

因此必须要注意在自由现金流量中存在一些计算方法上的差异。自由现金流量的计算方法（用于业务和企业价值评估）、DCF 法的“折现”分别如图 8–2、图 8–3 所示。

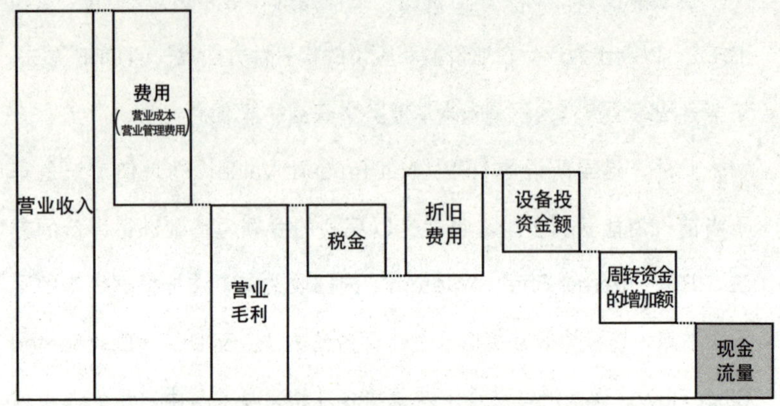

图 8-2 自由现金流量的计算方法（用于业务和企业价值评估）

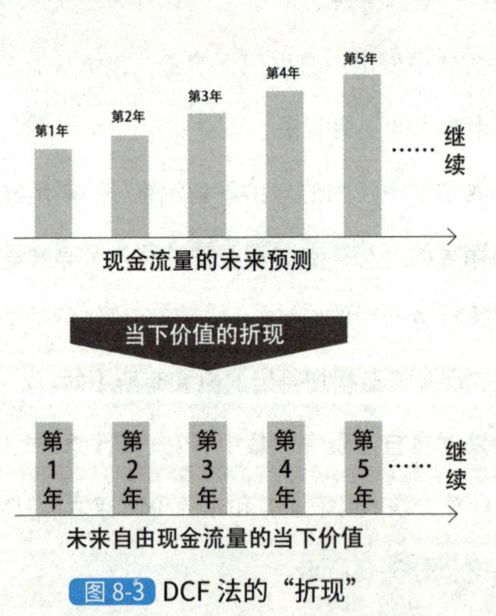

图 8-3 DCF 法的“折现”

常识 55　评估投资项目时的重点

▷ 以自由现金流量为度量的投资计划中，具有代表性的评价方法有：根据现值获利来评价的 NPV 法、根据年平均获利来评价的 IRR 法、根据投资额在多长时间内能够收回来评价的投资回收期法这三种。但是，重点是预测自由现金流量的前提与现实的契合度，模拟试验对此很重要。

对投资项目进行评价时的第一项重点是，预测并制作到目前为止所看到的未来自由现金流量。第二项重点是考虑货币的时间价值。这反映了今年收入 1 亿日元的自由现金流量预测和一年后收入 1 亿日元的自由现金流量预测之间的价值差异。

具体来说，一是提早获利的情况下，可将其存起来得到利息；二是今年的收入预测，与将来的收入预测相比，一般来说确定性更高（风险更低）。这样考虑的话，今年的 1 亿日元更有价值。

以该利率和风险为基础，用来表示一年中产生的价值差异的值称为贴现率。实际上第 2 章的常识 16 中说明的 WACC 就是贴现率的一种。WACC 是投资者每年所期待的收益率。从投资者的角度来看，如果在一年内获得的利润率不足 WACC 比率，就不能说“真正获利”。

以这种想法为基础进行投资项目的评估，其代表性的方法有，如前所述的以金额来评估的 NPV 法，以百分比评估的 IRR 法，以投资金额在几年的收益中能够收回为基础评估的投资回收期法这三种。

此外，不论是 NPV 法、IRR 法、投资回收期法中的哪一种，最重要的一点都是对未来自由现金流量的预测。根据设置的预测方法的不同，结果会有很大的变化。当然，完美的预测是不可能的，但是，有必要充分考虑市场的动向、竞争状况、本企业的优势等，尽可能地做出高精度的预测。

并且，以乐观、基础、悲观三种情况做出几项预测并进行模拟，对于销售数量等难以预测的数据，带入向好的方向前进时的数值以及向不好方向前进时的数值来看结果的敏感度分析（sensitivity analysis）也是有意义的。

常识 56　净现值法（NPV 法）以“现值能获利多少”来进行评估

▷ NPV 法是以现值获利多少，也就是以获利金额来评价的方法。NPV 的结果为正数则将被执行，为负数则会被放弃。在比较几个投资项目时，NPV 的正数金额越大越好。

NPV 法是将与预测投资相关的自由现金流量全部予以贴现并将结果合计，根据合计金额是否为正进行评估的方法。换言之，NPV 法是以现值获利，也就是以获利来评估的方法。

让我们看一下具体的事例。

假设在最初的一年（第零年）投资了100，从来年（第一年）到第二年、第三年，分别有可获利30、40、60的投资项目。顺便一提，投资金额，以及3年的利润都是基于自由现金流量的数字。如果贴现率，即资金提供者期望的利润水平、资本成本（*WACC*）为10%，那么该投资项目的*NPV*将如何？

首先，将每年的自由现金流量重新设定为现值。第零年投资的100是初始值，如果将–100（因为是投资所以是负值）乘以现值系数“1”，现值为–100。

其次，第一年的利润“30”是在一年后产生的，因此按10%贴现率计算。在此，以10%计算意味着除去1+10%=1.1。即1÷（1+0.1）=0.909为现值系数。代入计算，30×0.909=27.3是第一年的利润30的现值。

再次，由于第二年的利润是在两年后产生的，因此以2次10%贴现率计算。也就是说，两年后的现值系数为$1\div(1+0.1)^2=0.826$，现值为40×0.826=33。同样，在第三年，利润“60”三年后的现值系数为$1\div(1+0.1)^3=0.751$，现值为60×0.751=45.1。

因此，计算出的从第零年到第三年的现值合计为–100+27.3+33+45.1=5.4，5.4即为*NPV*。这个5.4意味着如果实行这个投资项目，以10%的贴现率为前提，现值为5.4，基本上是可以实行的。

像这样以现在的价值能获利为基础进行评估的方法是NPV法，如果得出的现值是正的，则实行项目；如果是负的，则放弃项目。此外，在评估几个投资项目时，正值越大，收益金额就越大，原则上是更理想的项目，NPV 案例（10% 的贴现率）如图 8-4 所示。

	第0年	第1年	第2年	第3年
自由现金流量①	−100	30	40	60
现值系数②	1	$1 \div (1.1)^1$	$1 \div (1.1)^2$	$1 \div (1.1)^3$
	1	0.909	0.826	0.751
现值（①×②）	−100	27.3	33.0	45.1

合计

NPV 5.4

图 8-4 NPV案例（10%的贴现率）

NPV 评估方法

NPV>0，实行投资方案，*NPV* 金额较大时是最理想的

NPV<0，放弃投资方案

常识 57　内部收益率法（IRR 法）以“投资效率的高低”来进行评估

▷　IRR 法是根据年平均利润百分比，也就是利润效率高低来评价的方法。根据 IRR 法的测算结果，在资金提供者所期望的利润水平超过 WACC 时执行该项目，低于 WACC 时放弃该项目。

IRR 法是从投资相关的自由现金流量的整体预测出发的，根据年

平均利润百分比，即利润效率的高低来评估的方法。

事实上，如果计算图 8-4 中的投资项目，可得 *IRR* 为 12.7%。也就是说，从年平均利润率来看，该投资项目每年大约有 12.7% 的利润。该 *IRR* 可以使用 Excel 等进行计算。

顺便提一下，*IRR* 必须超过代表资金提供者期待的利润水平的 WACC。在图 8-4 所示的情况下，贴现率为 10%，这种贴现率通常是基于 WACC 得出的，因此与贴现率相同的 10% 是 *IRR* 的最低标准，在此标准之上进行选择即可。就此例而言，该投资项目的 *IRR* 12.7% 超过了基准 10%，因此该项目可以被执行。

IRR 法是根据年均利润的百分比来评估基于 WACC 的利润百分比（多被称为门槛率），在超过门槛率时实行，低于门槛率时放弃。

IRR 评估方法

IRR> 门槛率（WACC），执行

IRR< 门槛率（WACC），撤回

为了简单地理解 IRR 法，举一个例子。第一年投资 100，第一年赚了 10，第二年也赚了 10，第三年收回了利润 10 和最初投资的 100，合计为 110，*IRR* 为 10%。也就是说，投资额能够在最后收回，并且在此之前每年都能够得到占投资额 100 的 10%，即 10 的利润。*IRR* 为 10% 是指与此相同规模的利润。

*IRR*为10%的案例

	第0年	第1年	第2年	第3年
自由现金流量	–100	10	10	110

常识 58　投资回收期法以“收回投资额的时间”进行评估

▷ 投资回收期法是根据投资额在多长时间内能收回，即投资回收期的长度来评价的方法。如果在事先规定的回收期的基准内可以收回，那么就执行该投资项目，不能收回则放弃。在比较几个投资项目时，回收期越短越好。

将图 8–4 的项目用投资回收期法来评估。

比较一下该投资项目的投资额 100 和收益，最初两年的收益合计 70（30+40），还没有完全收回投资额。加上第三年的收益 60，三年的收益合计为 130（30+40+60），可以收回投资额。也就是说，该投资项目的回收期为三年。从更细小的角度来看，如果加上第三年收益的一半，即 30，就可以收回投资额，因此，严格来说回收期是 2.5 年。

像这样，投资回收期法是根据通过收益收回投资额的时期长短进行评估的方法，对回收期是不是可以更短，以及回收有没有达到预估的标准进行评估的方法。

但是，投资回收期法是以投资额的收回为基准进行评估的方法，没有考虑获利的问题。因此，为了选择更容易获利的业务，有必要同时使用 NPV 法和 IRR 法。

常识 59　营运资本与 CCC

▷ 为了创造现金流量，控制和压缩作为营运资本的销售债权、存货资产、采购债务是很重要的。将营运资本状况作为整体来把握的是 CCC（现金循环周期）。

在产生、扩大现金流量的情况下，一个要点是解决销售债权（应收账款等）、存货资产（库存）、采购债务（应付账款等）等营运资本的问题。具体来说，首先应当力求减少作为销售货款未收回部分的销售债权，即尽快收回这一部分债权。其次，对于今后销售的商品和产品，以及制造中的在制品、制造前的原材料和零部件，也应当尽量减少。再次，作为购买货款未支付部分的采购债务，最好在不给供应商造成负担的适当时机支付。在每天的业务运营中按照这样的方向发展，将能够尽早产生现金流量。

最近，与此相关的 CCC（Cash Conversion Cycle，现金循环周期）受到关注。这是在销售债权的回收期上加上存货资产的保有时期，再减去采购债务的支付时期来计算的。也就是说，其表示在每天的业务中，现金流量在多长时间内被需要，或者被束缚了多少时间。具体计算方法如下。

CCC= 销售债权周转期 + 存货资产周转期 - 采购债务周转期

从快速产生现金流量的观点来看，该 CCC 法主张尽可能地缩短周转期。也就是尽早收回销售债权，缩短持有存货资产的时间，在适宜的时间点支付采购债务，这与我们之前所讲的方向是一致的。

常识 60　压缩营运资本时的盲点

▷ 营运资本的压缩和 CCC（现金循环周期）的缩短化是现金流量扩大的要点。但是，根据业务的不同，过度压缩反而有可能导致业绩的恶化。

通过减少营运资本来迅速产生现金流量也有注意事项。

首先，关于销售债权，如果想通过缓慢回收来获得利息等收益，也可以选择缓慢回收。具体来说，就是将分期付款、贷款等金融业务作为支柱业务之一。实际上，以汽车业界为首的几个行业设立了金融子公司，利用金融子公司对自己企业制造、销售的产品进行贷款和租赁。即使汽车的销售货款能够在形式上提前回收，但由于将其转变为金融子公司的贷款，整个集团的回收也会变得缓慢。但是，因为有贷款利息作为利润，回收缓慢也并不是问题。

其次，关于库存，如果库存过少，即使想销售也没有可用于销售的商品，则有可能会出现缺货的情况。由于缺货很难买到一些商品，反而会提高商品的人气，但通常情况下，失去销售机会的负面影响较大。考虑到这一点，有必要维持适当的库存水平。

并且，在最近网络销量增加的情况下，还出现了来自广泛顾客的、非常特殊的、对不太畅销商品的需求的长尾效应。为了满足“长尾”顾客的需求，一般需要拥有各种产品的库存。因此，压缩库存基本上不适合长尾商品发展的需要。但是，在网络销售中，通过与各种商品和商品的所有者和制造者合作，有时也不需要拥有库存。从这样的观点出发，也可能在改变业务结构的同时探索压缩库存的余地。

另外，关于采购债务，从确保现金流量的观点来看，还是慢慢支付比较好。但是，也有必要考虑到与供应商的关系，不要过度延长支付时间。此外，如果能够通过尽早支付获得降价或从供应商那里得到频率高的供货等特别处理等优惠条件，那么也可以考虑选择提前支付。

因此，基本上减少营运资本、缩短 CCC 是有用的。但是，如果商业模式需要持有一定数量的营运资本，或者不减少营运资本有一定的优点，那么要将这种优点与压缩营运资本的优点进行比较研究，以取得平衡。

常识 61 营运资本为负的业务优缺点

▷ 营运资本为负的业务，营业收入增加时利润和现金流量都扩大，处于非常好的状况。但是，如果营业收入减少，现金流量可能会急剧恶化。营运资本为负的业务基本上是有利的，但需要注意的是，虽然其进攻能力强，但防守能力弱。

虽然是特殊的情况，但实际上也有不需要营运资本、CCC 为负的业务。一个是旅行社等的预收款业务。像 JTB 和 HIS 这样的旅行代理企业，在旅行前的某一时期从顾客那里收取旅行费用，之后向旅馆和航空企业支付费用。因此，不需要营运资本，CCC 也变成负。

此外，在向顾客交付商品的同时接受货款的现金买卖也是同样的模式。例如，在不能使用信用卡的廉价餐馆，在顾客吃完饭后当场向他们收取现金，基本上只拥有少量以食材为主的库存；另外，食材的购买货款大多是在一定时期后汇总支付的。因此，该产业同样不需要营运资本，CCC 也为负。

延期支付的企业也有同样的倾向。例如，亚马逊通过信用卡销售商品的回收期为 22 天（应收账款周转期），书籍等货物的存货周转期为 31 天，而货物付款期（应付账款周转期）长达 68 天。因此，该企业不需要营运资本，CCC 也为负（2016 年 12 月，周转期全部以营业收入为基准）。

像这样，事前收取预付款等现金的业务，现金销售以及延期支付的结构，在压缩营运资本、尽快产生现金流量上是有利的。

此外，在这样的结构中，营业收入增加的话，手头的现金就会增加，因此对于以扩张和发展为核心的业务而言是非常有利的。不过，营运资本为负的业务，如果营业收入减少，手头的现金就会一下子不足，也就是其防守能力较弱。

具体来说，在这种结构下，营业收入增加时，付款时间比收款时间晚，因此现金会不断累积。也就是说，只要提高营业收入，利润和现金就会增加。

但是，如果营业收入减少，就会出现问题。营业收入减少的话，来自销售和订货的收款就会减少，另外，支付方面需要用销售额较大时期的资金支付，由此会出现现金储备不足的情况。因此，需要注意预付款业务和现金业务以及延期支付的业务，在营业收入增长的进攻状态下很有优势，但在营业收入减少的防守状态下处于弱势。

常识 62　企业成长期中的现金流量

▷ 如果过于重视现金流量，先行投资和先行投入成本就会变得困难。特别是在成长期，由于先行投资和先行投入成本，现金流量容易出现负增长，在这种情况下过度重视现金流量就会成为问题。

一般来说，企业希望在营业中尽早、尽可能多地产生现金流量。特别希望现金流量表中的经营活动产生的现金流量、自由现金流量这两项指标能保持正数增长。

但是，在有些业务阶段，具体而言，就是企业和业务处于成长、扩大的阶段，即使这两个现金流量为负，也不一定不好。

在成长期，由于先行投资和先行投入成本，现金流量大多陷入负增长。这是因为广告费用和促销费用等成本先行，或者为应对增加的营业收入而必须持有更多的存货资产。因此，经营活动的现金流量有时会变小，有时也会变为负数。此外，由于扩大业务的设备投资等，投资也会变大，自由现金流量可能出现严重的负增长。

因此，需要注意的是，如果在成长期过度重视现金流量，就有可能无法进行充分的投资和成本投入。当然，考虑投资效率和成本效率，不使用无用的现金等观点是很重要的，但也有必要在成长期投入资金和应该使用的成本。

总之，在成长和扩张时期，现金流量可能会变小或变为负数，这是不可避免的。需要注意的是，如果过分强调在成长和扩张时期确保正现金流量，反而可能产生相反的效果，如难以提前投入成本，为了不增加营运资本而压缩应收账款和存货，从而抑制销售、造成缺货，以及抑制资本投资。

常识 63　现金流量与“一定期间的获利”

▷ 现金流量可以根据现金的动向客观地表示企业的活动状况。但是，从统计一定期间的实际利润的意义上讲，现金流量有时不能适当地反映企业的实际状态，因此未必是适当的标准。相反，为表示企业活动的实际状态，进行各种调整后统计的一定期间的利润更适宜反映企业一定时期内的收益。

在适当把握企业在一定时期内的业绩方面，有必要在使用现金流量的时候有所注意。

例如，假设某企业在 ×××1 年以 5 亿日元的价格购买了可以使用 5 年的设备，以同样的方式使用 5 年来制造和销售产品，除去设备的费用，每年获得 3 亿日元的利润。这种情况下，如果用现金流量统计业绩，×××1 年为了设备投资支付 5 亿日元，因此将出现从 3 亿日元收益中减去 5 亿日元，得到 2 亿日元的赤字。另外，由于 ×××2 年没有设备投资，因此当年赚了 3 亿日元，之后到 ×××5 年为止的 3 年间也同样每年赚 3 亿日元。也就是说，即使使用相同的设备开展完全相同的业务，如果用现金流量统计业绩，最后统计出的结果将有很大的偏差，如进行设备投资的 ×××1 年为 2 亿日元的赤字，之后的 ×××2 年到 ×××5 年间每年有 3 亿日元的盈余。

另外，用利润统计业绩会怎么样呢？在此，利润是指根据当年企业活动的实际情况，计算原本当年应该积累价值多少现金的财富。因此，为设备投资支付的 5 亿日元，随着该设备在 5 年中每年都被使用，逐渐损坏，价值减少，将损坏部分按 5 年进行分摊，这被称为折旧。

折旧的方法有多种。在此，假设采用每年统计相同金额的折旧费用的直线法。这种情况下，因为使用了 5 年价值 5 亿日元的设备，所以每年的折旧费用为 1 亿日元。这样的话，5 年间每年的业绩为 3 亿日元减去折旧费用 1 亿日元得到的 2 亿日元。

而且，用现金流量统计的话，收款和支付的时机稍有偏差，营业收入和费用的统计结果就会发生很大变化。如从顾客那里收到的收款是在结算日，还是在结算日的第二天；费用的支付是在结算日，还是在结算日的第二天等情况。

而如果是用利润统计，则与收款日、支付日无关，在将产品和商品交付给顾客的阶段就进行统计营业收入（称为实现原则）；如果事实上有花费，则在该阶段作为费用进行统计（称为发生原则）；因此，在收款和支付的时机有偏差时是没有变化的，统计出的是能够反映实际情况的业绩。

因此，从在一定时期内所从事的经营活动能产生多少利润的角度而言，利润比现金流量更适合用于统计业绩。当然，关于利润，如前所述，根据费用统计方法的不同，利润也会发生变化，这一点需要注意。但是，在确认一定时期的利润时，人们应该理解活用利润也有好的一面。

常识 64　站在资金提供者的角度用 ROIC 来衡量投资效率

▷ ROIC 是每年评估从资金提供者处收到的资金能够产生何种程度的利润的比率。ROIC 需要超过投资者期待的利润率 WACC。ROIC 也是评价每年业绩的指标，因此以利润为基础。

最近一些企业使用 ROIC（Return on Invested Capital，投资资本回报率）作为“年度”投资效率的财务比率指标。在 ROIC 中，不是使用现金流量作为利润的尺度，而是使用从营业利润中减去税金的 NOPAT（Net Operating Profit After Tax，税后营业利润）。

ROIC 是业务产生的利润与股东和贷款债权人（银行和企业债券持有人）对企业的投资金额的比率。此外，与表示股东和借出资金的债权人期待的利润率 WACC 相比，ROIC 同样是从资金提供者的角度来确认是否提高了足够的利润的指标。此外，这是考虑到投资者的相对先进的企业愿意采用的一个指标。但归根结底是以评估一年等一定时期的投资效率为目的，因此使用利润比使用现金流量更好。

常识 65　现金流量中隐藏的东西

▷ 在减值损失等损失和费用中，也有即使影响利润也不影响现金流量的项目。为了确认这些项目，也有必要关注利润。

减值损失是最近企业业绩急剧恶化的主要原因之一。减值损失是在累计利润时出现的，与现金流量基本无关。因此，如果只根据现金流量来观察业绩，就有可能忽视减值损失。

但是，发生减值损失意味着使用企业拥有的土地和建筑物，以及机械等有形固定资产所开展的业务面临巨大的挑战，根据今后的盈利所预估的资产价值和出售产品时的价值大大低于统计的金额。此外，在收购时评估营业能力和技术能力等无形资产的金额，也就是"商誉"受到减损的情况下，也会导致收购业务的业绩不佳，根据今后的盈利所预估的价值将大大低于统计的商誉金额。

减值损失是计算上的损失，对当年的现金流量没有影响。但是，出现减值损失意味着一部分业务运营不顺，而且今后的盈利前景可能受影响，因此出现这一情况仍然是重要的信息。

当然重视现金流量也是很重要的，但是，观察利润也很重要，因为它能为我们提供关于一部分业务运营不顺等的重要信息，引起我们对减值损失的注意。

日立制作所的财务报表分析

合并损益表

金额单位：百万日元

项目	金额	比率 /%
营业收入	9,162,264	100.0
营业成本	6,782,677	74.0
营业毛利	2,379,587	26.0
营业及一般管理费	1,792,278	19.6
研发费用	323,900	3.5
其他收入	100,742	1.1
其他费用	146,568	1.6
营业利润	541,483	5.9
金融收益	7,091	0.1
金融费用	73,392	0.8
利息收入	12,923	0.1
利息支出	19,014	0.2
税前利润	469,091	5.1
企业所得税	131,062	1.4
非控股权益损益	106,768	1.2
本期净利润	231,261	2.5

从日立制作所的合并损益表来看，营业收入为 91,623 亿日元（松下为 73,437 亿日元），是日本综合电机业界中规模最大的。此外，营业毛利率为 26%（松下为 29.8%），处于制造业中多见的 20% ~ 30%。营业利润率为 5.9%（松下为 3.8%），并不是很高，但超过了松下，确保了一定的水平。

从营业费用及一般管理费的明细项来看，研发费用占营业收入的 3.5%（松下为 5.9%），由于其中除汽车、信息通信等业务外，还包含铁路等商业周期长的业务，所以比制造业一般的数值 4% ~ 5% 还稍低，而且低于松下。

此外，营业费用及一般管理费占营业收入的比例，松下为 25.1%，日立为 19.6%，日立低了 5.5 个百分点。其中一些差异是研发费用少了 2.4 个百分点造成的。虽然如此，但除去这些因素，也降低了 3.1 个百分点。虽然也有业务构成的不同所带来的影响，但基本可以看作日立制作所在业务的重新评估中能够进一步控制营业费用及一般管理费的结果。

由于金融收益、利息收入和利息支出较少，扣除约 30% 的税金，以及被分配给非控股股东的本期净利润 1,068 亿日元（松下为 231 亿日元）后，本期净利率为 2.5%（松下为 2.0%），在这个阶段日立制作所与松下的差别变小。

分配给所占比率相对较大的非控股股东的净收入是指对于日立制作所没有 100% 股份的子公司的非控股股东（也就是子公司的外部股东）只按其持股比例计算并分配其持股子公司的本期净利润。这一趋势在日立制作所中增强的原因是，日立制作所对集团内主要子公司日立化成、日立建机、日立金属等的持股比例为 50% 及以上，这些子公司的一部分净利润作为外部股东的一部分，从分配给合并的母公司股东的本期净利润中剔除出去。在这一点上，松下除了对从事住宅建设的子公司巴拿家的持股比例超过 50% 外，主要子公司几乎是 100% 控股的，因此扣除的金额较小。

也就是说，就日立制作所而言，如果上述规模较大的主要子公司成为 100% 控股子公司，分配给最终母企业股东的本期净利润就会增加，因此也可以认为，今后对子公司的持股比例仍有探讨的余地。

合并资产负债表

金额单位：百万日元

项目	金额	比率/%	项目	金额	比率/%
流动资产	5,002,606	51.8	流动负债	3,720,859	38.5
金融资产	765,242	7.9	应付账款	1,402,233	14.5
应收账款	2,433,149	25.2	银行借款和公司债券	660,860	6.8
存货资产	1,225,907	12.7	非流动负债	1,846,063	19.1
非流动资产	4,661,311	48.2	银行借款和公司债券	843,435	8.7
有形固定资产	1,998,411	20.7	负债合计	5,566,922	57.6
无形固定资产	919,201	9.5	净资产	4,096,995	42.4
投资和其他资产	1,743,699	18.0	留存收益	1,793,570	18.6
资产合计	9,663,917	100.0	负债和净资产合计	9,663,917	100.0

从合并资产负债表来看，流动资产中的金融资产占总资产的 7.9%（松下为 23.6%），而银行借款和公司债券占总资产的 6.8%（松下为 19.2%），虽然不多，但已经到达了实质借入的状况。

而且，净资产为 42.4%（松下为 29.4%），与一般业务企业的 30% ~ 40% 相比较高，可以说财务安全性处于较高水平。此外，在这一点上，松下处于金融资产超过银行借款和公司债券的实际无借款状况，由于金融资产、银行借款和公司债券两者都增多，净资产比率较低，但从松下的合并资产负债表来看，可以说实际的安全性比日立制作所高。

此外，从日立制作所的资产来看，如前所述，虽然金融资产并不是很多，但由于贸易应收账款占 25.2%，存货资产占 12.7%，所以流动资产占 51.8%（松下为 53.6%），超过了一半。而有形固定资产为 20.7%（松下为 22.1%），比率稍小。这可能与日立制作所包含一定比例的、不以大型设备为基础的信息通信系统和汽车系统等业务有关。此外，松下也有流动资产较大、有形固定资产较小的倾向。

此外，无形固定资产为 9.5%（松下为 11.1%），可以看出在集团重组中开展医疗器械业务的日立医疗企业实行了全资子公司化（2014 年 3 月）等并购。松下也残留着过去三个洋电机的子公司化等并购的痕迹。

营运资本周转期

项目	天数
应收账款的周转期	97
存货资产的周转期	66
应付账款的周转期	75

从营运资本来看，主要运营 B2B（企业对企业）业务，包括铁路等制造周期较长的业务，因此应收账款和存货资产相对较多，应付账款的金额也相应增加，达到 14.5%。实际上，从周转期来看，97 天、66 天、75 天，整体稍长。而松下相应的周转期为 42 天、57 天、68 天，都比日立制作所短，虽然经营的产品也有差异，但可以说日立制作所有稍微压缩营运资本的余地。

合并现金流量表 金额单位：百万日元

项目	金额	比率 /%
经营活动的现金流量	629,582	100
投资活动的现金流量	–337,955	–54
获得的有形固定资产	–316,116	
获得的无形资产	–101,034	
获得的子公司股份	0	
自由现金流量	291,627	
融资活动的现金流量	–209,536	–33
支付股息	–94,443	
买回库存股	–153	
总计	82,091	

从合并现金流量表来看，来自经营活动的现金流量 6,296 亿日元的约一半3,380亿日元用于投资活动，其中主要是用于设备投资的3,161亿日元。经营和投资活动合计的自由现金流量实现了相当大的增长。

而在融资活动中，以分红和偿还借款为中心，使用了经营活动现金流量的 30% 左右。从整体来看，这是处于稳定阶段的企业的典型模式。

此外，导入 IFRS 以后的营业收入的 3 年间的年平均增长率（CAGR）为 –1.8%，为负数。这是因为在重新整合集团业务的过程中，从事物流业务的日立物流（2016 年 5 月出售）、从事金融业务的日立资本（2016 年 10 月出售）的一部分股份被出售，几家子公司转变为不包含营业收入和资产等的适用股份法的公司。但是，积极地来看，这也可以视作重新整合集团业务的结果，而且，今后还可以期待 CAGR 成为正数。

此外，松下的营业收入增长率也从 2016 年 3 月开始减少了 3.7%，在此之前适用美国会计标准制作的基于财务报表的营业收入 4 年间 CAGR 也为 –0.9%，在重整业务的过程中为负增长。

分部报表

金额单位：百万日元

项目	营业收入	分部盈亏	分部盈亏率	总资产	资产收益率
信息和通信系统	1,982,821	76,458	3.9%	1,672,386	4.6%
社会和工业系统	2,331,931	–19,993	–0.9%	3,205,656	–0.6%
电子设备系统	1,170,375	66,772	5.7%	967,731	6.9%
工程机械	753,947	22,735	3.0%	1,036,800	2.2%
高功能材料	1,464,687	123,342	8.4%	1,666,879	7.4%
自动系统	992,284	65,830	6.6%	743,095	8.9%
生活生态系统	557,315	31,840	5.7%	326,373	9.8%
其他	653,794	20,630	3.2%	1,552,003	1.3%
金融服务	179,212	22,841	12.7%	–	–
全公司抵销	–924,102	64,727	–7.0%	–1,507,006	–4.3%
总计	9,162,264	475,182	5.2%	9,663,917	4.9%

所在地	营业收入	比率/%	有形固定资产、无形资产、投资不动产	比率/%
日本	4,757,685	51.9	1,627,391	55.6
亚洲（日本除外）	1,860,716	20.3	365,774	12.5
北美	1,144,029	12.5	445,119	15.2
欧洲	972,661	10.6	360,991	12.3
其他	427,173	4.7	127,551	4.4
总计	9,162,264	100.0	2,926,826	100.0

从日立制作所的分部报表来看，包括其他在内的 9 个部门的营业收入相当分散，虽然各部门的利润率有差异，但除了社会和工业系统以外，都确保了正的利润率。这表明日立制作所具有多个业务支柱。

此外，日本的海外市场中营业收入比率也为 48.1%，亚洲、北美、欧洲等地的全球化发展也在某种程度上取得了进展。 按地理位置分列的有形固定资产、无形资产和投资不动产的比率与按地理位置分列的营业收入比率大致相同，表明设备等的全球扩张在一定程度上取得了进展。

此外，在这一点上，松下的汽车和工业系统规模较大，包括家电和音响产品等电器、汽车相关零部件等，各部门都确保了一定程度的利润。而日本的海外市场中营业收入的基础是以中国为中心的亚洲、以美国为中心的美洲和欧洲，约占总营业收入的一半，即 50.2%。

因此，两家企业都有几个业务支柱，在日本的海外市场中营业收入比率约为 50% 这一点上是比较相似的。

让我们比较一下日立制作所和松下的 ROE。

ROE= 净利率 × 总资产周转率 × 财务杠杆

日立制作所（2017 年 3 月）

7. 8%＝2. 5% ×95% ×326%

松下（2017 年 3 月）

9. 5%＝2% ×123% ×381%

两家企业的ROE都处于日本上市企业的平均水平，即8% ~ 9%。但是，两家企业营业收入本期净利率都稍低，虽然这与其业务特征相关，但若能进一步提高以营业利润率为首的收益性更好。

两家企业的总资产周转率在制造业中都与一般水平100%没有太大差异，但日立制作所相对较低。这是由于其主要业务的业务结构导致应收账款和存货资产的周转期较长，金额较大。并且日立物流、日立资本和经营发电业务的三菱日立电力系统等大型集团公司成了持股比例为20%~50%的关系较松散的集团公司，即适用股份法的公司。因此，虽然对这些集团企业的投资较大，但是这些企业的营业收入却未列入合并损益表。因此，总资产周转率较低并不一定说明营业收入和资产之间投资效率低。

两家企业的财务杠杆都略高于一般水平，即300%。但是，日立制作所的银行借款和公司债券等与现金及现金等价物相抵销的实际银行借款和公司债券相当少，此外，松下实际上处于无借款的状况，可以说安全性相当高。

参考文献

· 西山茂（2006）『企業分析**シナリオ**第 2 版』東洋経済新報社.

西山茂（2006）《企业分析剧本 第 2 版》东洋经济新报社。

· 西山茂（2008）『入門**ビジネス.ファイナンス**』東洋経済新報社.

西山茂（2008）《入门商务金融》东洋经济新报社。

· （株）日立製作所 2018 中期経営計画**の**概要

（株）日立制作所 2018 中期经营计划概要。

· （株）日立製作所 2015 年中期経営計画**の**概要

（株）日立制作所 2015 年中期经营计划概要。

· （株）日立製作所 2012 中期経営計画**の**概要

（株）日立制作所 2012 中期经营计划概述。

· 有価証券報告書（（株）日立製作所、**パナソニック**（株））

有价证券报告书 [（株）日立制作所，松下（株）]。

· （株）日立製作所**ホームページ**

（株）日立制作所主页。

· **パナソニック**（株）**ホームページ**

松下（株）主页。

第9章

并购与协同效应

如何才能达到 $1+1=2+\alpha$

我们常常听到“考虑业务之间的协同效应”“（通过并购）寻找能够产生协同效应的企业”“更多地产生协同效应”等重视协同效应或期待协同效应的言论。特别是关于并购，很多经营者都说并购是以协同效应为条件实行的。

确实，协同效应是企业业务开展中以及并购中的重要要点之一。但是，我们也会听到“当时一听到协同效应，就像被施了魔法一样，总觉得会有好的结果，但后来，也有很多人怀疑是不是真的实现了协同效应”这样的话。为了在并购等过程中实现实质上的协同效应，该怎么办呢？另外，是否有关于协同效应的注意事项呢？

7&I 控股公司的拓展业务与协同效应

在日本零售业，拥有最大市值（约 4 万亿日元，截至 2017 年 10 月末）的是 7&I 控股公司。从该公司的历史来看，其通过并购和业务合作拓展了相当多的业务。举个比较典型的例子吧。

1973 年 11 月 成立 Denny's Japan。

与美国 Denny 公司签订授权协议，开始运营。1984 年购买其在日本的商标权，解除了与 Denny 公司的关系。

1973 年 11 月，成立 York Seven 公司（后来的 T-11Japan）。

与美国南方公司（The Southland Corporation）合作，于 1974 年开设了 1 号店。1991 年 3 月收购美国南方公司发行股份的 69.98%。

2006 年 6 月 Millennium Retailing 成为全资子公司。

Millennium Retailing 的核心业务是西武百货和崇光百货，7&I 控股公司由此进军百货公司业务。

2013 年 12 月，与邮购公司 Nissen Holdings 进行资本业务合作。

像这样，许多业务都是以外部合作和收购为起点的。实际上，从 7&I 控股公司 2017 年 2 月有价证券报告书中记载的分部信息来看，业务分部为①便利店业务，②超市业务，③百货公司业务，④食品服务业务，⑤金融相关业务，⑥邮购业务。

其中，除了以 1920 年开业的“洋华堂洋货店”为起点的伊藤洋华堂为中心扩大的超市业务，以及主要是从外部金融机构引进专门知识而自行建立的包括 Seven 银行在内的金融相关业务外，其余四个分部最初都是通过与外部合作或收购的公司和业务而建立的。

其中，7-11 Japan 是为该集团赚取约 80% 的营业利润的超优良企业，但其他以收购为核心的业务在 2017 年 2 月时并没有获得足够的利润。

7&I 控股公司的分部报表　　金额单位：百万日元

项目	营业收入	分部利润	分部资产	营业收入构成比率/%	营业利润构成比率/%	资产收益率/%	营业收入分部利润率/%
便利店	2,550,640	313,195	2,105,931	43.7	85.9	14.9	12.3
超市	2,025,534	22,903	1,004,561	34.7	6.3	2.3	1.1
百货公司	852,174	3,672	431,589	14.6	1.0	0.9	0.4
食品业务	82,562	515	26,399	1.4	0.1	2.0	0.6
金融相关	201,932	50,130	1,925,815	3.5	13.8	2.6	24.8
邮购业务	139,226	–15,097	56,610	2.4	–4.1	–26.7	–10.8
其他	57,424	4,632	179,884	1.0	1.3	2.6	8.1
抵销	–73,805	–15,379	–221,904	–1.3	–4.2	–	–
合计	5,835,689	364,573	5,508,888	100.0	100.0	6.6	6.2

所在地	营业收入	营业利润	有形固定资产	营业收入构成比率/%	营业利润构成比率/%	有形固定资产构成比率/%	营业利润率/%
日本	4,032,803	299,251	1,433,687	69.1	82.1	71.4	7.4
北美	1,690,713	65,548	571,775	29.0	18.0	28.5	3.9
其他	113,475	–238	2,366	1.9	–0.1	0.1	–0.2
抵销	–1,303	11	0	0.0	0.0	0.0	–
合计	5,835,689	364,573	2,007,829	100.0	100.0	100.0	6.2%

由于各业务所处的经营环境不同及其变化等原因，不能简单地说明其理由，但这样的事实表明，通过收购取得成果并不一定简单。

另外，从协同方面来看，虽然 7–11 和 Seven 银行之间，通过在店铺中设置 ATM，让双方的顾客来店里“顺便”购买商品、利用服务以增加双方的营业收入，但鲜见除此之外的业务间的协同。反过来说，如果能够产生各个业务间的协同效应，则该集团有望进一步扩大利益。如果业务间难以出现协同效应，也可以选择考虑分离一部分业务。

我们将持续关注 7&I 控股公司今后的动向。

常识 66　协同效应是“+ α”带来的相乘效果

▷ 协同效应一般是指在多个企业或业务之间，通过共同处理各种事情或合作，产出更大的成果。

所谓协同效应，直译的话就是相乘效果。在企业的经营中，协同效应意味着在多个企业或业务之间，通过共同处理各种事情或合作，产出更大的成果。也就是说，当 1+1=2+α 时，将该“+α”称为协同。另外，不仅正方向的成果被称为协同效应，有时负方向的成果也被称为协同效应。

常识 67　M&A 中协同效应的来源

▷ 并购中协同效应的核心是通过整合业务和功能，以共享设施和联合购买来降低成本，并通过共享流通渠道和销售新产品，扩大规模来增加营业收入。

关于协同效应具体是从哪里产生的，有各种各样的看法。哈佛商学院教授罗伯特·埃克雷斯认为并购的协同效应的来源是：①降低成本②增加营业收入③改进业务流程④金融工程⑤节税。

①降低成本是通过避免重复的集体大量购买而实现的。这种成本削减，在同一国家以同一行业的企业为对象进行并购时，特别容易产生效果。

②营业收入的增加是由于共享流通渠道和扩大规模而产生的。

③业务流程的改进是通过借鉴最佳做法和竞争力来实现的。这既可能发生在收购企业又可能发生在目标企业，具体表现为营业收入的增加和成本的削减。

④金融工程是指利用贷款利息节税来降低资本成本。

⑤节税是通过尽量避免购置税和交易税等暂时性课税而实现的。

埃克雷斯说，其中，成本削减是最一般、最容易预测的协同效应；与此相对，营业收入的增加为顾客的动向和竞争企业的动向等外部因素所左右的倾向很强，因此难以预测。

在咨询公司贝恩公司、欧洲私募股权投资的领导者卡里南等人指出，并购的典型协同效应有：①整合重叠功能②整合共同业务③共享设施设备④通过新渠道销售现有产品⑤通过新渠道销售新产品。从时间上看，可以认为是按照这个顺序逐步取得成果的。

像这样，协同效应的内容非常丰富。然而，最重要的是成本和资产的削减以及营业收入的增加等效果，协同效应的源泉如图 9-1 所示。

埃克雷斯提出的五点

1 降低成本
2 增加营业收入
3 改进业务流程
4 金融工程
5 节税

贝恩公司提出的五点

1 整合重叠功能
2 整合共同业务
3 共享设施设备
4 通过新渠道销售现有产品
5 通过新渠道销售新产品

图 9-1 协同效应的源泉

常识 68 M&A 中协同效应的可行性

▷ 关于协同效应的可实现性，就削减存量资产而言，与资产和成本的压缩相关的协同效应更明显且更容易在短时间内取得成果。另外，就以现有资产上增值而言，即与提高营业收入相关的协同效应实现的可能性一般较低，花费的时间更长。

协同效应实现的可能性一般有多大？根据前面提到的埃克雷斯先生和卡里南先生的意见，可以认为，实现可能性较大的协同效应包括整合业务和功能以及实现设施共享等提高已有资产的使用效率的效应，以及通过集体大量购买原材料和零部件等方式来实现的降低成本和削减资产的效应。另外，共享流通渠道、发售新产品、扩大规模等与营业收入增加相关的协同效应，由于被顾客的反应和竞争的动向等左右，往往很难得到预想的效果。

也就是说，成本削减和资产压缩等“削减方向的协同效应”容易在短期内取得成果。另外，营业收入的增加等“增加方向的协同效应”很难取得成果，而且即使有成果也需要花费较长时间。

不过，我们也经常听说，为了实际实现成本和资产的削减，以日本的业务为中心进行人员削减，容易遇到瓶颈。从这个意义上讲，同时考虑早期退休制度等削减人员的措施以及调整工作岗位等有效利用人才的结构是很重要的。

通过大量并购而成长起来的日本电产，基本上没有解雇被收购企业的职员，而是通过提高人才的干劲，提高生产性，从而提高业绩。这样就不是裁员，而是通过提高人才的干劲来产生成果。

常识 69 在全球化的 M&A 中实现协同效应的难度很高

▷ 与日本国内的并购相比，全球化的并购更难实现协同效应。

在收购日本的海外企业时，产生协同效应的门槛似乎又进一步提高了。长期从事并购业务经验的松元茂先生在他的著作里，从日本企业实施的日本海外企业并购案例中，选取 1985 年至 2001 年实施的价值 100 亿日元以上的 116 起并购案例，以几个标准对其进行评估，得出了日本的海外企业并购成功概率低的结论。并且他指出不应该期待得到超越地域的全球协同效应，而应当重视能否使在某业务领域有实力的企业在该地在 10 年左右的时间内保持持续增长利润。

毕竟如果国家和地区不同，不仅距离遥远，文化、制度等也有差异，所以产生协同效应的门槛应该会提高，协同效应效果的难易、快慢如图 9–2 所示。

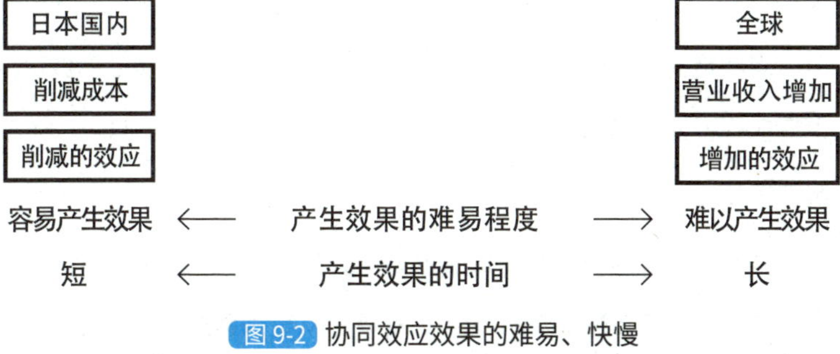

图 9-2 协同效应效果的难易、快慢

常识 70　评估收购金额的三种方法

▷　收购金额的评价方法包括①以企业将被清算的假设为前提的市价净资产法，②以同类企业的股价行情为基础的同类公司比较法，③以未来业务自由现金流量的现值为基础的 DCF 法。这三种方法很具代表性，实际业务中经常使用方法②和方法③。

一般来说，在并购中，对被收购企业的评价方法有三种。

第一种方法是在收购时出售所有资产，考虑“若将应该支付的负债全部支付后，还剩下多少价值”，通过清算公司的假设价值进行评价。这种方法一般被称为市价净资产法。第二种是以同行业类似上市公司的利润和股价、现金流量和股价等的比率为基础，假设同行业的企业之间应该维持相同程度的比率的评价方法。从某种意义上说，这是基于同行业其他公司的股票行情进行评估的方法，被称为类似公司比较法。第三种是以预测该企业将来赚取的自由现金流量为基础，将其折现，计算其合计金额进行评价的方法。这是将预测将来企业产生的（自由）现金流量（Cash Flow）重新置换为现值（Discounted，折现）进行评价的方法，因此被称为 DCF 法，即 Discounted Cash Flow 法（参照常识 54）。

其中，以清算为前提收购企业的情况很少，因此市价净资产法在实际业务中不怎么被使用。但是，在评价从事铁路业务的企业和从事大楼租赁等房地产业界的企业这类大量使用房地产和设备的企业时，计算如果将现在拥有的资产全部出售，也就是清算公司有多少价值时，也是一种会用到的评价方法。

而在实际业务中经常使用的是类似公司比较法和 DCF 法。

其中，同类公司比较法是以同行业其他公司的股价为基础进行评价的方法，而不是直接评价被评价公司的方法。而 DCF 法是一种直接评价被评价企业的方法，因为它是以预测该企业可能产生的未来现金流量为基础的。因此，理论上认为直接评价被评价企业的 DCF 法是更理想的方法。

但是，采用 DCF 法时，是以将来现金流量的预测为基础的，预测将来的情况是相当困难的，因此不一定能做出正确的评价。所以在许多情况下，同时采用同类公司比较法进行评估，并在两个评估结果的范围内进行谈判，以确定实际的收购金额。

上市公司通常以实际股票价格作为评估的基础，这是因为实际股票价格是每天被证券市场评估后的结果，根据 DCF 法判断公司价值与股东价值的关系如图 9–3 所示。

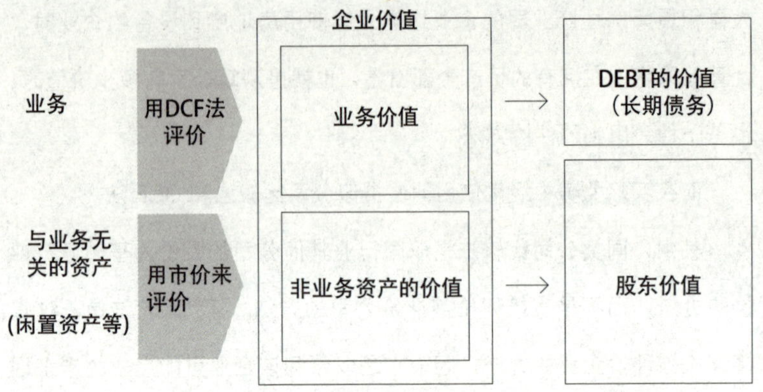

图 9-3 根据 DCF 法判断公司价值与股东价值的关系

常识 71　评估并购中的协同效应的方法

▷ 一般是以 DCF 法为基础对协同效应进行评价，其评价额根据收购企业的不同也有可能不同。另外，最好根据协同效应的来源进行评价。首先评价成本削减和资产压缩等较可能实现的协同效应，其次是增加营业收入等一般较难实现的协同效应。另外，最好不要对一般较难实现的关于增加营业收入的协同效应抱太多期望。

如何评估并购的协同效应？一般以前述的 DCF 法为基础进行计算。具体来说，首先，在完全没有协同效应的前提下，预测该企业将来能够产生多少自由现金流量。其次，预测产生协同效应时的自由现金流量。将没有这种协同效应的情况和产生协同效应时的自由现金流量的差额，按照一定的贴现率重新设定为现在的价值，将其合计结果作为协同效应的价值。

也就是说，在并购时，协同效应效果的大小可能会因收购企业的不同而变化。根据业务的重叠情况等，可期待的协同效应的大小及其可实现性可能会出现差异。

因此，一个企业的价值可能会因收购方的不同而不同。也就是说，有可能造成一物多价。重要的是，协同效应越值得期待，出现可能性越高，理论上就越能提高收购金额。

另外，如前所述，协同效应的可实现性不能说是100%，而且，协同效应的不同内容的可实现性也不同，如被认为可实现性比较高的成本削减等“削减方向的协同效应”和被认为难以实现的营业收入增加等“增加方向的协同效应”。

因此，协同效应的评估应与企业本身的评估分开进行，并应根据降低成本和增加营业收入等因素进行评估，如果可能，还应根据降低成本的各要素进行评估，如集中业务、集中据点、通过大量购买降低采购成本等。

另外，对于难以实现的营业收入增加的协同效应，稍微慎重考虑也是很重要的。一部分企业由于营业收入增加的协同效应难以实现，因此设定了“基本上不作为评价对象”的方针。

在收购或进行新业务时，协同效应有时会诱使人们甘愿进行高投资。从这个意义上讲，基本上不应期待协同效应，而是只考虑以该企业或业务本身的价值为基础进行评价，即便在考虑协同效应时，也希望限定在削减成本等更可能实现的角度进行评价。至于增加营业收入之类的协同效应，还是踏实一点，想着如果实现了可以赚到一部分钱为好。

7&I 控股公司的财务报表分析

合并损益表

金额单位：百万日元

项目	金额	比率 /%
营业收入（①+②）	5,835,688	100.0
营业收入（①）	4,646,370	79.6
营业成本	3,602,038	61.7
营业毛利	1,044,331	17.9
营业收入（②）	1,189,318	20.4
营业毛利	2,233,650	38.3
营业和一般管理费用	1,869,077	32.0
宣传装饰费用	160,355	2.7
人事费用	548,083	9.4
店铺和设备相关费用	735,691	12.6
营业利润	364,573	6.2
营业外收入	12,797	0.2
营业外费用	12,964	0.2
税前利润	364,405	6.2
其他收入	4,411	0.1
其他损失	151,248	2.6
税金调整前本期净利润	217,569	3.7
所得税费用	120,818	2.1
本期净利润	96,750	1.7

从 7&I 控股公司的合并损益表来看，营业收入合并结算后达

58,357 亿日元（永旺为 82,101 亿日元），金额非常大。其中，日美 7–11 特许经营加盟店的营业收入，包括 9,600 亿日元的权利金收入，以日美加盟店的实际营业收入 57,458 亿日元的基准来考虑，集团整体的营业收入规模超过了 10 万亿日元。这超过了日本零售业中规模最大的永旺集团的营业收入。

营业毛利率为 38.3%（永旺为 35.8%），上述 7–11 加盟店的权利金为 9,600 亿日元，由于这部分利润率高，因此整体的毛利也相当高。关于这一点，永旺包含金融业务等收益，金额也很高。

但是，将范围缩小到商品销售上的营业总利润率为 22.5%（永旺为 27.7%），这是一般零售业的水平。商品的营业总利润率与永旺相比较低的原因包括永旺在集团内有专卖店，而且成本率相对较低的商品的营业收入比率较高等。

营业利润率为 6.2%（永旺为 2.3%），由于上述权利金收入贡献相对较高，超过了永旺。因此，7&I 控股公司在营业利润率方面高于永旺，可能是由于 7–11 在拥有权利金收入贡献的同时，在营业费用和一般管理费的控制上做得更好。

从营业费用及一般管理费的详细情况来看，宣传装饰费用为 2.7%（永旺的广告宣传费为 2.4%），投入了一定的金额。但是，考虑到标榜每日低价，没有使用广告宣传费用倾向的企业一般不到 1%，那么说明两家公司都花费了数目不小的广告宣传费用。

另外，由于以在现实店铺销售的零售业为主体，7&I 控股公司的人事费用为 9.4%（永旺为 14%），店铺和设备相关费用为 12.6%（永旺为 11.4%），在人员和设备上花费了一定的成本。但是，与永旺相比，7&I 控股公司的人事费用得到了很大的控制。从人事费用的生产性来看，7&I 控股公司水平较高，这也是其营业利润率较高的原因之一。

营业外损益虽然不是很大，但由于减值损失，商誉的一次性摊销及业务结构改革费用等其他损失稍大，因此与营业利润率相比，本期净利润率略低，为 1.7%。 在日本人口减少和商业向电子商务 EC 转变的情况下，一部分店铺和业务陷入了困境，并对此采取了相应的措施。

合并资产负债表　　金额单位：百万日元

项目	金额	比率/%	项目	金额	比率/%
流动资产	2,274,403	41.3	流动负债	1,947,618	35.4
金融资产	1,222,101	22.2	应付账款	415,348	7.5
应收账款	347,838	6.3	银行借款和公司债券	264,677	4.8
存货资产	192,462	3.5	金融业负债	604,887	11.0
金融业资产	189,762	3.4	非流动负债	1,085,463	19.7
固定资产	3,234,485	58.7	银行借款和公司债券	783,810	14.2
有形固定资产	2,007,829	36.4	负债合计	3,033,082	55.1
无形固定资产	495,935	9.0	净资产	2,475,806	44.9
投资及其他资产	730,720	13.3	留存收益	1,793,035	32.5
资产合计	5,508,888	100.0	负债和净资产总计	5,508,888	100.0

从 7&I 控股公司的合并资产负债表来看，流动资产中的金融资产占资产整体的 22.2%（永旺为 11.7%），超过了银行借款和公司债券的比率 19%（永旺为 25.6%），表面上处于实质无借款的状况。但是，由于 Seven 银行等金融业务的关系，金融业资产为 3.4%（永旺为

20.5%），存款等金融业负债为 11%（永旺为 28.6%）。到目前为止，从整体上看，已经出现了若干借入的状况。而永旺无论是在表面上还是在包括金融业务在内的整体上，都出现了一定数量的借入状况。

净资产比率，包括比率容易降低的金融业务在内，为 44.9%（永旺为 21.3%），略高于一般业务公司的 30% ~ 40%，财务安全性处于相当好的状况。永旺的净资产比率虽然稍低，但考虑到在包含一定比例的金融业务在内，可以说处于平均水平。

另外，从资产的详细情况来看，由于以现金和信用卡为支付方式的销售业务较少，因此应收账款较少，为 6.3%（永旺为 13.6%），由于食品等是库存时间较短的业务，因此存货资产也较少，为 3.5%（永旺为 6.7%）。但是，如上所述金融资产比较多，因此流动资产合计为 41.3%（永旺为 56.2%），稍高一些。

有形固定资产为 36.4%（永旺为 30.4%），这表示 7&I 控股公司持有一定比例的商店等建筑物、陈列架及土地等。另外，无形固定资产为 9%（永旺为 3.4%），这也表示它一直在进行企业收购。再者投资及其他资产为 13.3%（永旺为 10%），其中一半以上属于租赁店铺等的长期存入保证金，其中也包括店铺相关的资产。

另外，永旺的资产构成也类似，但应收账款和存货资产较多，由于金融业务贷款的关系，流动资产稍多，因此固定资产较少。

尽管永旺曾经历过相当多的收购，但无形固定资产较少，这可以认为是很多交易都控制了收购金额，不太重视无形资产的结果。也可以说永旺表现出了选择目标企业、收购时机以及谈判能力等金额方面的收购能力。另外，从永旺的非流动负债来看，在进行房地产租赁业务时，来自店面的存入保证金，即长期存款保证金占负债净资产总额的 3%，可见其从事的不动产开发（Developer）业务规模相当大。

营运资本的周转期

项目	天数
应收账款的周转期	27
存货资产的周转期	20
应付账款的周转期	42

以上是根据商品销售的营业收入和成本计算的。

从 7&I 控股公司的营运资本来看，如前所述，应收账款为 6.3%，存货资产为 3.5%，应付账款为 7.5%，应收账款和存货资产较少。另外，从周转期来看，分别为 27 天、20 天、42 天，应收账款周转期和存货资产周转期的合计数与应付账款周转期基本相符。作为以快速回收应收账款和库存流动快为基础的零售业，这一结构的资金负担不大。

永旺的周转期分别为 53 天、41 天、61 天，都比 7&I 控股公司长。这是因为在永旺中，信贷业务成为金融业务的一大支柱，用信用卡支付增加，应收账款也会增多。此外，永旺集团食品以外的存货较多的业务比重较高，体现出了两者之间业务类型和商品构成的差异。

如果只比较两家公司，也可以认为 7&I 控股公司的营运资本管理水平较高。

合并现金流量表 金额单位：百万日元

项目	金额	比率 /%
经营活动的现金流量	512,523	100.0
投资活动的现金流量	–371,602	–72.5
取得的有形固定资产和无形固定资产	–321,089	
取得的子公司股份	–71,471	
融资活动的现金流量	–78,190	–15.3
支付股息	–86,976	
买回库存股	–2,276	
总计	62,731	

从 7&I 控股公司的合并现金流量表来看，2017 年 3 月，经营活动的现金流量为 5,125 亿日元，投资活动中，取得与设备投资相关的有形固定资产产生的支出，和在美国和加拿大的 7–11 店铺等相关的业务产生的支出，花费了约占经营活动的现金流量 72.1%，即 3,716 亿日元。而融资活动以分配股息为主，包含买回库存股的部分共使用了 782 亿日元。整体而言，企业处于一般稳定期的模式。

另外，5 年间目标年平均增长率（CAGR）为 4%，在少子化和高龄化加剧的日本，营业收入约为 70%，确保了一定的增长率。但是，永旺在这 5 年间，也将永旺银行、大荣、威尔士控股、马埃茨等子公司化，在营业收入基准上达到了 9.5% 的年平均增长率。

从上述 7&I 控股公司的分部报表数据来看，各部门都确保了一定的营业收入，但营业利润相当依赖于运营 7–11 的便利店业务和运营 Seven 银行的金融相关业务这两个业务。除此之外的超市、百货公司、食品服务的营业利润率都很低，邮购业务还出现赤字。考虑到今后的发展，需要重点解决的课题是如何提高这四个业务的收益性，并产生与其他业务的协同效应。

此外，作为利润支柱的 Seven 银行，到目前为止一直以其 ATM 手续费作为盈利基础，但面对逐渐增强的不使用现金的倾向，今后将如何发展，以及如何开发新的收益来源也将成为课题。

从营业收入来看，永旺集团以永旺为名义开发的 Maruetsu 等超市和 MaxValu 等折扣店的比重较高，但部门利润来自开发信用卡和银行、房地产等业务的开发商，相对较分散。

另外，7&I 控股公司在日本的海外市场营业收入比率为 30.9%，大大超过了永旺的 8.1%。但是，7&I 控股公司以收购美国 7-11 的营业收入为中心，与永旺以亚洲为中心在重点开发业务的地区上存在差异。考虑到企业今后的成长，7&I 似乎有在亚洲进一步加速发展的空间。

让我们比较一下两家公司的 ROE。

ROE= 净利率 × 总资产周转率 × 财务杠杆

7&I 控股公司（2017 年 2 月）

4.1% ＝1.7% ×106% ×236%

永旺（2017 年 2 月）

1% ＝0.1% ×94% ×773%

由此可知，7&I 控股公司的 ROE 为 4.1%，比永旺稍高一些，但两家公司都处于较低水平。其中一个原因是当期净利率低。如前所述，7&I 控股公司的营业利润率为 6.2%，属于合理水平，但由于减值损失和业务结构改革费用等其他损失较多，本期净利润降低。另外，永旺集团的营业利润率较低，为 2.3%，而且损失较多，因此营业收入本期净利润降低。两家公司的一部分店铺和业务都面临困境，也因此产生了应对这些问题的费用。但是，由于其他损失只是暂时的，所以可以期待今后提高本期净利润。

在总资产周转率方面，7&I 控股公司为 106%，其中如伊藤洋华堂等具有强大销售形象的业务比例并不是很高。这是因为 7-11 的业务基于特许经营体系，因此成为营业收入中心的权利金的金额不会增加太多，而且也包含了像手续费和利率等收益相较资产更大的 Seven 银行等的金融业务。另外，永旺集团的总资产周转率为 94%，比 7&I 控股公司更低，这是因为，与 7&I 控股公司一样，永旺集团包含了资产容易扩大的金融业务，并且由于正在开发购物中心等，受到容易增加有形固定资产的开发商业务的影响。

在财务杠杆方面，如前所述，即使包括金融业务在内，7&I 控股公司由于实际的银行借款和公司债券较少，财务安全性也较高，财务杠杆低于一般业务公司的平均水平 300%，为 236%。另外，永旺集团有一定程度的融资，而且由于包含了融资较多的金融业务和不动产开发业务，所以财务杠杆水平较高。

参考文献

・西山茂（2008）『入門**ビジネス・ファイナンス**』東洋経済新報社.

西山茂（2008）《入门商务金融》东洋经济新报社。

・松本茂（2014）『海外企業買収　失敗**の**本質　戦略的**アプローチ**』東洋経済新報社.

松元茂（2014）《日本的海外企业收购失败的本质战略性研究》东洋经济新报社。

・Cullinan， G.， J. Le Roux and R. Weddigen(2004)， When to Walk Away from a Deal， Harvard Business Review， Vol.82， No.4， pp.96–104.(**マクドナルド**京子訳「**プライベート・エクイティ・ファンドに**学**ぶデュー・ディリジェンスの**真実」『DIAMOND **ハーバード。ビジネス。レビュー**』第 30 巻第 2 号， pp.102–114)

Cullinan，G.，J.Le Roux and R.Weddigen（2004），When to Walk Away from a Deal，Harvard Business Review，Vol.82，No.4，pp.96–104.（麦克唐纳京子翻译“私募股权基金的尽职调查真相”，《钻石哈佛商业评论》，第 30 卷 第 2 期，第 102–114 页）

・Eccles， R.G.， K.L. Lanes and T.C. Wilson(1999)， Are You Paying Too Much for that Acquisition？， Harvard Business Review， Vol.77， No.4，pp.136–146.

Eccles，R.G.，K.L. Lanes and T.C.Wilson（1999），Are You Paying Too Much for that Acquisition？ Harvard Business Review，Vol.77，No.4，pp.136—146.

・日本経済新聞（2017 年 4 月 25 日）

日本经济新闻（2017 年 4 月 25 日）。

・日刊工業新聞電子版（2017 年 1 月 4 日）

日刊工业新闻电子版（2017 年 1 月 4 日）。

・野村総合研究所　経営用語の基礎知識

野村综合研究所经营用语的基础知识。

・有価証券報告書（（株）セブン&アイ・ホールディングス、イオン（株））

有价证券报告书 [（株）7&I 控股，永旺（株）]。

・（株）セブン＆アイ・ホールディングスホームページ

（株）7&I 控股主页。

・イオン（株）ホームページ

永旺（株）主页。

・（株）セブン＆アイ・ホールディングス会社概要

（株）7&I 控股公司概要。

・セブン－イレブンの歴史

7–11 的历史。

・セブン ＆ アイ・フードシステムズ会社情報

7&I・Food System 公司信息。

第10章

关于“顾客就是上帝”这一想法

应该重视“真正的上帝”是谁

“顾客就是上帝”原本是歌手三波春夫在《钲钹敲击的佐渡民谣》[1]《东京奥林匹克领唱》《来自世界各国的你好》等热门歌曲中所使用过的话。类似的还有“顾客第一”“优先考虑顾客”等表示重视顾客的句子，在企业管理层的讲话或经营理念中也经常被使用。

确实，这样的话听起来很舒服。而且，如果顾客对此进行评价并购买商品和服务，企业的营业收入和业绩也会提高。这样想来，如此重视顾客的方向是没有问题的，但是应该重视的真正的顾客是谁呢？我们要如何应对真正的顾客呢？

从丰田汽车来看以顾客为主的定位

以重视顾客为方向是提高营业收入和业绩的要点。丰田汽车公司是重视顾客的代表性日本企业，在日本以最大的市值（约 244,000 亿日元，2018 年 1 月末）自豪的丰田汽车公司是如何定位的呢？

丰田汽车公司作为许多重视 CSR（企业的社会责任）、环境、社

1. 这是歌手三波春夫在日本歌谣界的出道曲，销量达到 220 万张。歌词主要表达年轻劳动者们来到大城市打拼，思念家乡的情感。

会贡献等活动的企业之一，推出了“奉献社会”这一项目，明确了对社会做出贡献的7个方针。其中包括“安全措施”“建设丰富的社会”“尊重人权”“与商业伙伴一起”“与工作人员一起”“利益契约”等主题，同时，也包含了“顾客第一、质量第一的措施”这一方针。也就是说，丰田汽车公司将与重视顾客相关的顾客第一的方针与质量第一相关联，并且将其定位为7个方针之一。

另外，从该公司1992年制定的经营理念（如下所示）来看，列举了7个要点。其中第4个是与顾客相关的要点，也就是“提供满足全世界顾客要求的充满魅力的商品和服务”。这样，其理念中也加入了注重顾客的观点，这也是7个要点之一，而且被定位在第4位。这样，丰田汽车公司在持有重视“顾客第一”这一观点的同时，也将其定位为7个方针中的一个，考虑与其他方针的平衡。一般认为，如何定位重视顾客及重视程度因企业而异，但像丰田汽车公司这样，一边考虑与其他观点的平衡一边定位，也是一种选择。

丰田汽车公司的经营理念。

1. 通过开放、公平的企业活动，以成为遵守日本外法律和精神、受国际社会信赖的企业公民为目标。

2. 尊重各国和各地区的文化和习俗，通过以地区为基础的企业活动，为经济和社会的发展做出贡献。

3. 以提供清洁、安全的产品为使命，通过各种企业活动，致力于建设宜居的地球和富裕的社会。

4. 致力于研究和开发各种领域的最先进技术，并提供富有吸引力的产品和服务，以满足世界各地客户的需求。

5. 以劳资相互信赖、责任为基础，最大限度地提高个人创造力和团队合作优势的企业风气。

6. 通过全球创新的管理，实现与社会和谐的增长。

7. 以开放的交易关系为基础，相互研究创造，实现长期稳定增长、共存共荣。

（1992 年 1 月颁布，1997 年 4 月修订）

常识 72　“重视顾客”的正确含义

▷ 要覆盖掉以“对待上帝”的方式对待顾客的成本，并有所盈余并不容易。从“是否认可了本公司的商品和服务”“年是否与利益有关”“将来如何”的角度来缩小顾客范围，构筑长期的良好关系也是很重要的。

重视顾客的方针以提高营业收入为中心，是提高业绩的一个理想方向。

把顾客当作上帝，通过倾听他们的声音来解决问题，提高商品和服务的质量，增强竞争优势。

但是，对于是否应该将所有的顾客都视为第一、采取同样的应对措施，还有研究的余地。这是因为，把所有的顾客都看作第一，认真对待，虽然也取决于企业的规模，但也会成为包括人的方面在内的巨大负担。如果想以同样的方式对待所有的顾客，根据情况的不同，会陷入花费多少成本都不够的境地。

应从项目中提高利润，在一定程度上缩小顾客范围，使其认可本公司的商品和服务。另外，在获取一定收益的同时，更重视能够使顾客再次光临、强化关系的方针也很重要。挑选对本公司有利的顾客，将该顾客放在第一位，也是一种好的选择。

此外，还需要考虑从特殊顾客至上的角度来对待高质量的顾客。如一位顾客购买后，其他顾客会随之购买的“领袖型”顾客，以及在B2B 业务中竞争对手会对其进行基准评估的顾客。

而且，与优秀顾客建立长期良好的关系也很重要。一般来说，开拓新顾客的成本比留住现有顾客的成本要高得多。另外，一般开拓新顾客的门槛更高，因此这种留住现有顾客的倾向特别强。并且，要进一步加强与已经有关系的优良顾客的关系，提高本公司产品的购买比率。由于已经与顾客形成了关系，成本也得到了控制，利润变得相当大的可能性也很高。

因此，加强和维持与现有优秀顾客的关系是一个要点。实际上，在开展奢侈品品牌的企业中，也有把一般顾客和持续购买一定金额产品的顾客分开的例子。关于新产品和一些特别产品，优先或限定地介绍给顾客，或者在特别的场所接待顾客等，以加强关系、提高营业收入。

另外，在顾客第一的方针中，成为投诉的对象、服务不周等才是主要的问题。关于这一点，建立适当应对的体制也很重要。

常识 73　在顾及利润的情况下，适当满足顾客的需求

▷ 在满足顾客要求的情况下，有必要考虑这是否与短期或中长期的利益有关。

从顾客第一的观点来看，适当地满足顾客的要求是要点之一。这是因为，与顾客的关系增强的话，相较于竞争对手，企业更有可能处于优势地位。

例如，在 B2B 企业中，会根据顾客企业要求的规格、品质、交货期来完善支持体制，以此强化与顾客的关系、增加交易量，并且提高了顾客转换到与其他公司合作的成本，能与顾客建立牢固的关系。

但是，如果根据顾客的要求来进行定制，成本有可能会上升。另外，顾客方面也希望从最终成品的销售价格来倒推成本，将其设定为目标成本。为了实现这一目标，需要将零部件和设备的成本控制在一定水平内。在意识到顾客的希望的同时，公司也有必要设定适当的销售价格，以获得一定的利益。这是一个相当困难的问题，为此，让顾客理解本公司产品的价值，以及本公司做出持续降低成本的努力是很重要的。

另外，B2C 企业也有必要满足作为目标顾客的要求，但是在努力降低成本、满足要求的同时，也有必要努力让他们了解其价值，并将其反映在价格上。另外，如果根据顾客的要求增加产品数量或产品种类，效率会不可避免地变差，导致成本变高，业绩下降。因此，应该相当慎重地考虑商品和产品种类、数量的增加。

某食品厂商的中坚干部就该公司的常规主要品牌商品表示：“一旦发生紧急情况，只要增产该主要产品，进行少许促销活动，就可以确保一定的营业收入和利润。所以还是固定的主要品牌产品比较强。”但是大量销售的商品和产品的收益性一般会相当高。

因此，即使把顾客放在第一位，满足顾客的要求，为了确保一定的利益，也有必要努力平衡成本和价格。

常识 74　提高市场占有率所花费的成本

▷ 在重视规模扩大的情况下，为了有效地提高利润，意识到最佳占有率也是很重要的。一般认为，在市场占有率超过 50% 的阶段，继续提高市场占有率的成本较高。

在提高市场占有率方面，一般在较低水平提高市场占有率和在已经取得较高市场占有率的情况下提高市场占有率，即使同样是提高 1% 的市场占有率，其成本也很有可能不同。也就是说，如果已经取得较高占有率的企业想要进一步提高，一般其获得顾客的成本就会变得相当高，而且为了应对不一定与本公司相配，即不一定理想的顾客，可能会花费更多的成本。

有一种说法是，在市场占有率超过 50% 的状态下提高市场占有率的负担将会更大。从这个意义上说，获得一定水平的占有率的情况下，把关系不错的、对本公司来说可以称为优良顾客的人放在第一位也是一种选择。思考公司在社会中的地位、对所有顾客都“像上帝一样”是否真的有必要，以及以什么样的顾客为目标才能持续经营，并且与利益相关联是很重要的。

这种情况下的优良顾客，是指能给企业带来利润的顾客。具体来说，重点是根据每个顾客带来的营业收入、按成本来计算每个顾客的利益，是否产生了一定的利益或利润率，以及将来营业收入和利益是否会扩大，能否成为更大的优良顾客等。

常识 75　运用 ABC 法选择优质顾客

▷　如果一个公司经营多品种和小批量的业务，为了准确地计算成本和降低成本，有必要利用 ABC 法。ABC 法是根据成本的发生情况，认真分配不清楚归属于哪个产品成本的间接费用。由此可以看到优良产品和优良顾客。

如果把顾客当作上帝来对待，就需要保证足够的员工数量、丰富的业务类型和可用的场地等，需要各种各样的成本。花费了这样的成本，为了使之产生利润，以及为了使这样的结构可持续发展，有必要认真考虑与该成本相称的价格和能够收回该成本的商业模式。

此时，在成本计算中，不仅要明确每个顾客的成本，还要明确难以把握其关系的成本，也就是间接成本，并尽可能仔细地将间接成本分配给每个顾客，计算出更精确的结果。在这种情况下，利用 ABC 法也是有效的。ABC 法是一种尽可能准确地汇总间接费用的方法，这些间接费用很难被归为某个产品的成本，或某个顾客的成本等(Activity Based Costing，作业成本分析法，参照常识 41 ）。由此，真正的优良顾客就明确了。

常识 76　深度打造“顾客第一”的全新市场

▷ 不仅要满足顾客的要求，探索顾客真正想要的东西，提供这种观点也是必要的。

在开发新产品和新服务以及改进现有产品和服务时，将顾客放在第一位，并听取顾客的意见是要点之一。实际上，在顾客的不满需求中，经常隐藏着有关新事物的开发和现有事物的改善等各种提示。

只是，有时需要提供能够满足顾客潜在需要（未必与顾客当前的要求一致）的新商品、新服务，创造出新市场、扩大业绩。为了做到这一点，不仅要从满足顾客当前需求的角度出发，更要从满足顾客可能也尚未意识到的深层需求角度考虑。这才是更深层次的以顾客为第一的意识。

这样想来，并不是从“满足顾客的要求”这种意义上来实践“顾客第一”这句话，而是“认真考虑顾客需求”这一更深层的东西。

另外，三波春夫使用“顾客就是上帝”这句话的本意在于“就像在神面前祈祷一样，如果无法抛开杂念保持一颗清澈的心，是无法展现完美的技艺的。因此，把客人当作上帝来歌唱”这种意思。今后在思考“顾客就是上帝”在商业中的意义时，也许也应该诚实地尽可能地考虑顾客，提供得到顾客支持的产品、商品、服务，从深层意义上来说，保证顾客第一。

常识 77　损益表可以体现顾客与相关人员的平衡

▷ 重要的是从损益表的结构中理解平衡分配顾客和其他利益相关方的重要性，并采取适当的行动。

把顾客放在第一位，确实很重要。但是，保持与其他相关人员的平衡也很重要。现在，让我们重新看一看损益表，它体现了一个公司在一定时期内的经营业绩。

损益表的第一项是营业收入。这是销售给顾客的产品的收入，体现商品得到了顾客的认可。

接下来是营业成本。这是指产品、商品或服务本身的成本。从某种意义上讲，如果是零售业，营业成本是指分配给提供商品的供应商的成本；如果是制造商，是指分配给提供原材料的供应商和制造部门员工的成本。

其次是营业费用和一般管理费。这是用于营业、销售、管理的费用。这是对负责营业，销售、管理的工作人员，或者对提供支援的广告代理店、专家等分配的费用。

营业外损益主要是利息收入、分红、利息支出等财务相关的损益，这些主要是与金融机构的交易。

其他损益是由于临时事件而产生的损益。

所得税费用等是对国家和地方公共团体的分配。

最后的本期净利润是给股东的返利，也就是分配给股东的利润。

这样看来，损益表以顾客对该企业的评价为基础的购买金额为开端，也可以看作分配给：①供应商、制造部门的员工，②营业和管理部门的员工和支持这些的外部公司，③金融机构，④国家和地方公共团体，⑤股东等企业的各种相关人员的过程。

这样想来，在顾客第一的方针中，如果能增加营业收入，同时扩大分配给企业相关人员的酬劳，从整体上来说当然是很好的。但是，如果过于考虑顾客第一，轻易地降低价格，其结果是，即使增加，也会对其他相关人员的酬劳分配产生影响。如此，考虑顾客第一的同时，有必要考虑与其他相关人员的平衡关系，损益表结构与公司利益相关方的关系如图 10–1 所示。

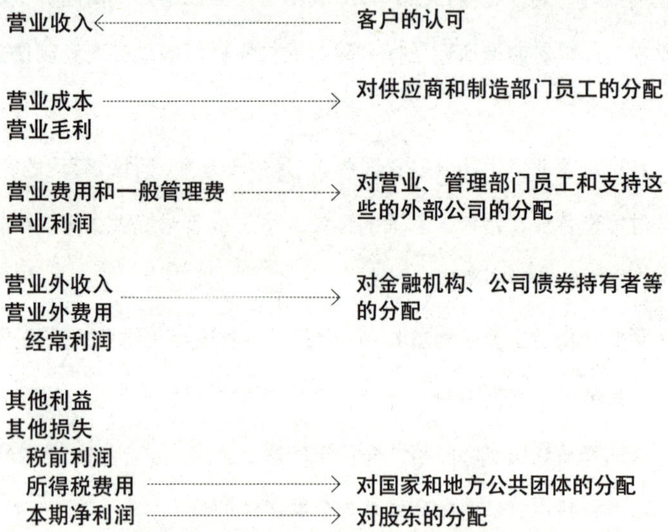

营业收入 ← 客户的认可

营业成本 → 对供应商和制造部门员工的分配
营业毛利

营业费用和一般管理费 → 对营业、管理部门员工和支持这些的外部公司的分配
营业利润

营业外收入 → 对金融机构、公司债券持有者等的分配
营业外费用
经常利润

其他利益
其他损失
税前利润
所得税费用 → 对国家和地方公共团体的分配
本期净利润 → 对股东的分配

图 10-1 损益表结构与公司利益相关方的关系

丰田汽车公司的财务报表分析

合并损益表

金额单位：百万日元

项目	金额	比率 /%
营业收入（①）	25,813,496	93.5
金融收益（②）	1,783,697	6.5
营业收入合计（①+②）	27,597,193	100.0

续表

项目	金额	比率 /%
营业成本（③）	21,543,035	78.1
金融费用（④）	1,191,301	4.3
营业成本合计（③+④）	22,734,336	82.4
营业毛利	4,862,857	17.6
营业费用和一般管理费	2,868,485	10.4
广告宣传费	448,780	1.6
研发费用	1,037,528	3.8
营业利润	1,994,372	7.2
其他收入	228,806	0.8
其他费用	29,353	0.1
税金调整前本期利润	2,193,825	7.9
所得税费用	628,900	2.3
权益法投资损益	362,060	1.3
少数股东损益	–95,876	–0.3
本期净利润	1,831,109	6.6

从丰田的合并损益表来看，营业收入合计约为 276,000 亿日元，规模几乎是本田技术研究工业（以下简称“本田”）的 2 倍。

营业毛利率为 17.6%（本田为 22.4%），稍低；另外，除金融业务外以汽车等产品的制造销售为中心的营业毛利率为 16.5%，进一步降低。这与汽车产业的结构有关，部件厂商分为 1 次、2 次等几个阶段制作零部件，并将其组合起来提供给整车厂商。也就是说，由于范围较广，一部分利润被分配给零部件制造厂，因此整车制造厂的总利润率稍低。

另外，与本田相比，丰田的营业毛利率稍低，其原因可以想到是本田的研发费用不包含在营业成本中，而丰田的一部分包含在内。另外，丰田向外订购的比重较高，本田有生产摩托车和飞机等业务，而丰田有住宅建设等业务，这种差异也使丰田和本田相比，总利润率较低。

营业利润率为7.2%（本田为6.0%），相对较高。在此，从营业费用及一般管理费的详细情况来看，广告宣传费占营业收入比率为1.6%，以B2C面向一般消费者的业务为基础，因此投入了一定的金额。但是，由于营业收入规模较大，从营业收入比率来看并不是很大，但实际投入了约4,500亿日元。另外，研发费用占营业收入比率为3.8%（本田为4.9%），除去金融业务以外的营业收入比率为4%（本田为5.3%）。该水平虽然达到了汽车业界的一般水平4% ~ 5%，但稍低一些。但是，实际金额约为1,400亿日元（本田约为7,000亿日元），在日本企业中非常突出，考虑到集团公司DENSO（2017年3月的研发费用为4,092亿日元，营业收入比率为9%）等也投入了相当多的研发费用，整个集团都达到了相应的水平。

由此可见，丰田汽车的营业收入规模较大。因此从营业收入比率来看，各种费用占营业收入的比率都很低，但实际金额却很高，这也可以看作规模经济在运转的表现。除此之外，还表现出了成本控制的强度。另外，本田传统上的研究开发倾向很强，自己研发了各种各样的技术，除了作为核心产品的汽车和两轮车，还开发了本田喷气式飞机等，因此研发费用的比例变高了。

丰田的其他收入因金融资产的利息和分红而增多。另外，权益法投资损益因关联公司 DENSO、丰田汽车、爱信精机、丰田通商以及在中国持股比例为 50% 的多家合资企业等的上好业绩而大幅增加，本期净利润为 6.6%（本田为 4.4%）。本田也有这种以金融收益及权益法投资利益做出贡献的倾向。

合并资产负债表　　金额单位：百万日元

项目	金额	比率/%	项目	金额	比率/%
流动资产	17,833,695	36.6	流动负债	17,318,965	35.5
金融资产	5,859,327	12.0	应付账款	2,566,382	5.3
应收账款	2,115,938	4.3	银行借贷和公司债券	9,244,131	19.0
金融债权	6,196,649	12.7			
存货资产	2,388,617	4.9	非流动负债	12,762,268	26.2
固定资产	30,916,491	63.4	银行借贷和公司债券	9,911,596	20.3
长期金融债权	9,012,222	18.5	负债合计	30,081,233	61.7
投资及其他资产	11,707,160	24.0	净资产	18,668,953	38.3
有形固定资产	10,197,109	20.9	留存收益	17,601,070	36.1
资产合计	48,750,186	100.0	负债和净资产总计	48,750,186	100.0

从丰田的合并资产负债表来看，流动资产中的金融资产占总资产的 12%（本田为 11.1%），而银行借款和公司债券合计的比率为 39.3%（本田为 36.8%），即使两项资产相互抵销，也表明在一定程度上进行了借款。

但是，资产中，由于金融业务而持有的汽车贷款等金融债权，和长期金融债权合计后占资产的 31.2%（本田为 28.8%），再加上所持有有形固定资产中租赁汽车服务所用车辆及修车工具（账面价值为

46,839 亿日元）的 9.6%（本田为 21.8%），共计 40.8%（本田为 50.5%）。在这里，金融业务是指将从外部借入的资金作为汽车贷款出借，或者将持有的固定资产中租赁资产出借的业务。假设为持有与金融业务有关的资产而进行贷款，将其与银行借款和公司债券的合计抵销，除去金融业务后的实际借入的银行借款和公司债券为 –2% 左右（本田为 –13.7%）。也就是说，实际情况中，银行借款和公司债券全部与金融业务相关，在金融业务以外实际上处于无借款的状况。除去金融业务，本田实际上几乎没有负债情况。

另外，包括贷款较多的金融业务在内，净资产比率也为38.3%，（本田为 39.9%），略高于一般商业公司的常见水平 30% ~ 40%，财务上的安全性与本田一样处于较高的水平。从丰田资产的详细情况来看，如前所述，由于持有相当比率的金融资产和 1 年内回收的汽车贷款等金融债权，因此虽然向独立经销商销售货物的应收账款较少，以及通过丰田式严格的库存管理使存货资产较少，但流动资产合计为 36.6%（本田为 34.5%），保持在一定水平。本田也有这种倾向。

另外，固定资产方面，包括汽车贷款等在内的长期金融债权自决算日起超过 1 年收回的占比较高，为 18.5%（本田为 18.1%）。投资及其他资产占 24.0%（本田为 4.6%），主要是以有价证券和投资有价证券、持股比例在 20% ~ 50% 且关系稍弱的集团这类关联公司的投资为主。其中，如前所述，包括对丰田汽车的关联公司 DENSO、丰田自动织机、爱信精机、丰田通商、中国的多家合资企业等的投资额。

而且，有形固定资产为20.9%（本田也包括租赁资产，为38.6%），略低于制造业的常见水平30% ~ 35%。而且除去上述租赁汽车及修车工具的9.6%，为11.3%（本田为16.9%），就变得更加少了。这是因为金融债权等金融业务相关资产较多，有形固定资产的比重降低，也可以认为汽车制造是零部件的组装，整车制造厂就规模而言，所用设备较少。另外，由于这是商业周期较长的业务，所以会长期使用设备，与折旧进度也有关。

另外，计算丰田的建筑物和机械的取得成本的累计折旧比率，约为77%（本田约为69%，折旧方法原本是定率法，但最近变更为定额法）。考虑到日本国内用定率法、日本的海外市场用定额法，折旧方法十分精确，体现了对设备长时间、小心、充分的使用态度。另外，在固定资产的构成方面，丰田与本田也基本相同。

但是，本田与丰田相比，本田以长期和短期租赁汽车的形式持有的有形固定资产较多，但是，对有价证券和关联公司的投资较小。可以认为本田正在积极地进行租赁；相反，丰田有以长期投资有价证券来持有金融资产、投资关系稍弱的集团的倾向。

营运资本的周转期

项目	天数
应收账款周转期	28
存货资产周转期	38
应付账款周转期	41

从营运资本来看，整体资本较少，应收账款为4.3%，存货资产

为 4.9%，应付账款为 5.3%。此外，周转期分别为 28 天、38 天、41 天，整体较短，这可以说是业界的倾向。但是，对于存货资产周转期，与本田的 46 天、日产汽车的 49 天相比，丰田虽然包含了一些倾向于库存时间较长的住宅业务，但仍控制在较短的 38 天。 这种倾向从过去一直持续到现在，可以说体现了丰田汽车的库存管理水平的高低。

合并现金流量表 金额单位：百万日元

项目	金额	比率 /%
经营活动的现金流量	3,414,237	100.0
投资活动的现金流量	–2,969,939	–87.0
有形固定资产获得产生的支出	1,223,878	
向关联公司追加的投资支出（扣除持有现金后）	44,274	
金融债权增加（净）	–750,750	
租赁资产增加（净）	–1,079,281	
融资活动的现金流量	–375,165	–11.0
借款债务增加（净）	1,030,929	
支付股息	–702,108	
买回库存股	–703,986	
总计	69,133	
汽车等部分		
经营活动的现金流量	2,564,310	
投资活动的现金流量	–1,288,452	
融资活动的现金流量	–1,325,684	
金融业务部分		
经营活动的现金流量	1,028,193	
投资活动的现金流量	–1,910,462	
融资活动的现金流量	1,001,228	

从合并现金流量表来看，2017 年 3 月，经营活动的现金流量为 34,142 亿日元，投资活动由于取得与设备投资相关的有形固定资产而支出 12,239 亿日元，汽车贷款等金融债权增加 7,507 亿日元，租赁车辆等租赁资产增加 10,793 亿日元等，共计 29,699 亿日元。这约占经营活动现金流量的 87%。

另外，在投资活动中，向关联公司追加的投资支出（扣除持有现金后）约为 443 亿日元。这是因为在住宅业务中收购了部分股份，并额外购买了作为权益法适用公司的三泽住宅有限公司的股份，使其成了子公司。与追加购买费用相比，三泽住宅有限公司持有的现金较多，因此这一栏仍然为正值。而且之前丰田汽车虽未声张，但也对日野汽车和大发工业株式会社开展了一系列收购。

融资活动的现金流量，在增加借入约 10,300 亿日元的同时，通过分红和购买本公司股票分别使用约 7,000 亿日元等积极地还利给股东。其结果是融资活动整体使用了约 3,752 亿日元，整体上是一般的稳定期模式。

如上所述，丰田汽车在相当大的范围内开展金融业务，并将汽车和其他业务部门与金融业务部门分开编制现金流量表。从这一点可以看出，在汽车等部门，经营活动产生了约 2.6 万亿日元的现金，投资活动中约一半的 1.3 万亿日元主要用于资本投资，剩余的约 1.3 万亿日元用于还利股东，这是典型的稳定模式。

另外，在金融业务中，虽然通过经营活动赚取了约 1 万亿日元，但在投资活动中，由于汽车贷款、长期和短期租车的增加，支出了约 1.9 万亿日元；在融资活动中，为了弥补不足，通过借款筹措了约 1 万亿日元，这是典型的增长阶段模式。也就是说，在汽车部门，包括投资在内，从业务中产生了相当多的现金；另外，金融业务虽然在经营活动中确保了一定的利润，但也可以看到一边增加贷款一边扩张长期和短期租车业务的规划。

CAGR 是 5 年来营业收入的年平均增长率，由于日本的海外市场销售比率约为 75%，确保了 8.2% 的增长率。另外，这一水平超过了本田在 2015 年 3 月引进 IFRS 后 3 年的 CAGR 3.8%，也超过了日产汽车 5 年的 CAGR 4.5%，表明丰田汽车正在稳步发展。

分部报表

金额单位：百万日元

・按业务分

项目	营业收入	营业利润	总资产
汽车	25,081,847	1,692,973	16,156,496
金融	1,823,600	222,428	22,507,613
其他	1,321,052	81,327	2,170,498
全公司抵销	–629,306	–2,356	7,915,579
合计	27,597,193	1,994,372	48,750,186

项目	营业收入构成比率/%	营业利润构成比率/%	总资产构成比率/%	营业利润率/%	总资产营业利润率/%
汽车	90.9	84.9	33.1	6.7	10.5
金融	6.6	11.2	46.2	12.2	1.0
其他	4.8	4.1	4.5	6.2	3.7

续表

项目	营业收入构成比率/%	营业利润构成比率/%	总资产构成比率/%	营业利润率/%	总资产营业利润率/%
全公司抵销	-2.3	-0.1	16.2	0.4	0.0
合计	100.0	100.0	100.0	7.2	4.1

其他：房屋制造、销售、信息通信业务

· 按地理位置分

所在地	营业收入			营业利润	总资产
	面向外部客户	所在地之间（内部）	营业收入总额		
日本	8,798,903	6,031,965	14,830,868	1,202,245	14,791,969
北美	10,033,419	205,672	10,239,091	311,194	17,365,237
欧洲	2,517,601	163,438	2,681,039	-12,244	2,846,469
亚洲（日本除外）	4,279,617	540,204	4,819,821	435,179	4,486,021
其他	1,967,653	193,421	2,161,074	58,694	2,819,935
全公司抵销		-7,134,700	-7,134,700	-696	6,440,555
合计	27,597,193	0	27,597,193	1,994,372	48,750,186

所在地	营业收入构成比率/%	营业利润构成比率/%	总资产构成比率/%	营业利润率/%	总资产营业利润率/%
日本	53.7	60.3	30.3	8.1	8.1
北美	37.1	15.6	35.6	3.0	1.8
欧洲	9.7	-0.6	5.8	-0.5	-0.4
亚洲（日本除外）	17.5	21.8	9.2	9.0	9.7
其他	7.8	2.9	5.8	2.7	2.1
全公司抵销	-25.9	0.0	13.2	0.0	0.0
合计	100.0	100.0	100.0	7.2	4.1

· 按地理位置的营业收入分

所在地	营业收入	比率 /%
日本	6,863,541	24.9
北美	10,054,431	36.4
欧洲	2,341,364	8.5
亚洲（日本除外）	4,414,236	16.0
其他	3,923,621	14.2
合计	27,597,193	100.0

从丰田的分部报表来看，汽车业务在营业收入和营业利润方面都占约 90%。而资产中金融业务所占比率较大，这意味着贷款、长期和短期租车业务资产较大。此外，虽然营业利润率保持在一定水平，但金融业务的利润率之所以高，是因为根据其业务性质决定的，如贷款的利润率是根据存款利率与贷款利率之间的差值确定的。关于这一点，本田汽车业务的营业收入构成比率约为 70%，营业利润构成比率约为 60%，稍低。这是因为两轮车业务和金融业务的比重相应存在。

按地理位置分，各地的业绩显示，日本的营业收入较大，但其中 40% 是各地之间的内部营业收入。从日本向其他海外市场出口的金额相当大，表明日本成为制造基地的趋势很强。从各地的营业利润率和总资产利润率来看，日本和亚洲（日本除外）较高，而北美的营业利润率较低，欧洲出现赤字。笔者认为日本作为制造基地能收获一定的附加价值，但北美和欧洲的收益性有待提高。本田在亚洲和北美的收益性较高，在欧洲还是较低。

另外，日本国外营业收入合计约为75%，相当高。北美为36%，亚洲（日本除外）为16%，但欧洲为8%、其他国家约为14%，处于亏损状态，可见，在考虑利润的同时，似乎还有空间考虑未来扩张。关于这一点，本田在日本的海外市场营业收入比率约为85%，其中在北美的比率约为48%，表明本田是在以北美为中心的日本海外市场进行扩张的。

那么，让我们比较一下丰田汽车和本田的ROE吧。

ROE=净利率×总资产周转率×财务杠杆

丰田汽车（2017年3月）

10.2% ＝6.6%×57%×271%

本田（2017年3月）

8.5%＝4.4%×74%×260%

从这一点来看，丰田汽车的ROE稍高，但两家公司都确保了日本公开上市企业的平均水平。

其次，本期净利率为6.6%，比本田的4.4%高。营业利润率为7.2%（本田为6%），相对较高，但这也是加上金融资产的利息收入和分红、DENSO等关联公司的权益法损益等贡献的结果。本田也有在主营业务之外增加收益的倾向，但丰田将会有更高的收益性。

丰田汽车的总资产周转率为57%，处于作为厂商而言相当低的水平。但这是因为除了利息和租金，还包含了资产规模较大的长期和短期租车等金融业务。本田也有这种倾向及原因，但丰田比本田低，似乎是受有价证券和投资有价证券的所占比率较大的影响，相反，也显示出可从资产的角度来看财务的稳健度。

如前所述，两家公司除了金融业务外，实际上都处于无借款的状况，即使包括金融业务，实际的银行借款和公司债券也不是那么多，安全性高，因此，即使包括金融业务，也比一般业务公司的平均水平300% 稍低，为 260% ～ 270%。包括金融业务在内，而财务杠杆水平相当低，可以说两家公司的财务安全性都相当高。

参考文献

· 西山茂（2006）『企業分析**シナリオ**第 2 版』東洋経済新報社.

西山茂（2006）《企业分析方案 第 2 版》东洋经济新报社。

· 西山茂（2009）『戦略管理会計改訂 2 版』**ダイヤモンド**社.

西山茂（2009）《战略管理会计 改订 2 版》钻石社。

· 三波春夫**オフィシャルサイト**

三波春夫官方网站。

· 有価証券報告書（**トヨタ**自動車（株）、本田技研工業（株））

有价证券报告书 [丰田汽车（株）、本田技术研究工业（株）]。

· **トヨタ**自動車（株）**ホームページ**

丰田汽车（株）主页。

· 本田技研工業（株）**ホームページ**

本田技术研究工业（株）主页。

结语

谢谢您读到最后。 您的感想如何?

如果您在这本书中提出的 10 个主题、77 个常识和以 10 家公司的财务分析为主的各种事例中，能够更深入地理解会计数字和企业活动的联系，使其对您今后的商务活动有一点参考价值，作为作者，我感到非常开心。

最后，请允许我介绍一下本书的特点和创作本书的背景和目的。

本书主要有三个特点。

第一，提出了 10 个主题，分为 77 个常识进行讲解。这 10 个主题对理解商务中重要的经营和会计之间的联系非常有效。主题和常识并不一定涵盖了会计的所有领域，但重点介绍了在商务中可能面临的课题，以及最好提前掌握的内容。其中，如果有想要深入研究的内容，建议通过专业书籍等深入学习。

第二，列举了与 10 个主题相关的 10 家日本优良企业，一边与竞争企业进行比较，一边进行财务报表的分析。希望读者可以从数字中确认财务报表的分析方法及其要点、业界的特征，以及所提到的企业的特征和动向等，来理解会计数字和经营的关系。

第三，在涉及会计理论的同时，尽量联系实际业务，一边提出具体事例，一边进行实践性的解说。如果能通过会计数字理解实际的经营，并帮助商务人士提高水平，我将感到无比高兴。

本书原本是为了让商务人士理解经营和会计的联系为目的，列举了几个与会计相关的经营定式，在通过日本经济新闻社的高畠知子先生、原圭先生向日经 BP 公司的长崎隆司先生展示了其内容总结、注意点以及盲点的原稿后决定出版。我与长崎先生就整体的构成、提出的主题和常识、内容以及财务分析中提及的企业和事例等进行了多次讨论。该书得以出版多亏了大家的帮助，在这里要特别感谢日本经济新闻社的各位老师的介绍，以及长崎先生从各个角度提出的细致而恰当的建议。

我衷心希望能够通过这本书增加一名对会计感兴趣，能够将战略、商业模式和管理与会计数字联系起来的商务人士。

2018 年 5 月

早稻田大学商学院

西山茂